em

neu

Brückenkurs

Deutsch als Fremdsprache
Niveaustufe B1

Michaela Perlmann-Balme
Susanne Schwalb
Dörte Weers

Hueber Verlag

QUELLENVERZEICHNIS

S. 9: Foto: MHV-Archiv (PhotoDisc) S. 10: Foto 1: Pöhlmann/Mauritius images; 2: Tony Stone Bilderwelten (B&W); 3: MHV-Archiv (Dieter Reichler) S. 11: Foto: MHV-Archiv (Jens Funke) S. 12: Fotos: MHV-Archiv (1+2: Franz Specht, 2: Jens Funke) S. 14: Foto und Liedtext: © Georg Kreisler S. 16: Text: Franz Specht, Oberpfaffenhofen S. 19: Abbildungen: Prospektmaterial S. 21: Foto: Gerd Pfeiffer, München S. 24: Globus-Infografik, Hamburg S. 25: Fotos: MHV-Archiv (1: Rubberball, 2: MEV, 3: irisblende.de, 4: MEV, 5+6: Superjuli) S. 26/27: Foto: MHV-Archiv (MEV); Text aus: Brigitte 3/96 © Picture Press, Hamburg S. 29: Namensliste: Mit freundlicher Genehmigung von © Knud Bielefeld, Ahrensburg S. 30/31: Texte aus: Informationsbroschüre für Familien © Presse- und Informationsamt der Bundesregierung S. 33: Foto: Gerd Pfeiffer, München S. 34: Fotos: MHV-Archiv: (links/rechts: Gerd Reichler, Mitte links: Gunter Graf, Mitte rechts: Werner Bönzli) S. 36: Foto: SV- Bilderdienst, München; Texte: Franz Specht, Oberpfaffenhofen S. 40: Fotos oben und Mitte: MHV-Archiv (MEV); unten: © SV-Bilderdienst S. 42: Fotos: MHV-Archiv (Dieter Reichler/Franz Specht) S. 43: Zeichnung: by Roland Searle © Tessa Sayle Agency, London S. 45/46: Foto: Gerd Pfeiffer, München S. 48: Foto links: © illuscope; Mitte: © picture-alliance/dpa/dpaweb; rechts: MHV-Archiv (MEV) S. 50: Text und Grafik aus einem Faltblatt, herausgegeben vom Bayerischen Staatsministerium für Unterricht und Kultus S. 51: Text von Stephan Lebert aus: SZ Magazin 17/95 S. 54: Text und Abbildung aus: Peter Weiss, Abschied von den Eltern. © 1974 by Suhrkamp Verlag Frankfurt S. 55: Foto: © SV-Bilderdienst S. 57: Foto: Ketchum GmbH, München S. 58: Foto: MHV-Archiv (Dieter Reichler) S. 60: Foto: © Götz Wrage, Hamburg S. 61: Texte zusammengestellt von Kerstin Greiner aus: SZ-Magazin vom 6.12.02 S. 62: Foto: MHV-Archiv (Pierpaolo Bizzoni); Text von Eberhard Heins aus: TZ vom 9.9.97 S. 65: Abbildung und Texte (aus essen & trinken 10/95) © Picture Press, Hamburg S. 66: Abbildungen mit freundlicher Genehmigung der FLASH Filmproduktion Armin Maiwald und des WDR, Sendung mit der Maus, Köln; Salzstangen: MHV-Archiv (irisblende.de) S. 69: Foto aus: Nirgendwo in Afrika (2001) © Deutsches Filminstitut (DIF), Frankfurt S. 70: Foto: © SV-Bilderdienst; Text (gekürzt) aus: www.br-online.de/kulturszene/thema/caroline_link/link.xml mit freundlicher Genehmigung von HA Multimedia, Bayerischer Rundfunk München S. 73: Fotos aus: Nirgendwo in Afrika (2001) © Deutsches Filminstitut (DIF), Frankfurt S. 74: Fotos: Deutsches Filminstitut (DIF), Frankfurt S. 76: Filmplakate: Deutscher Fernsehdienst (defd), Hamburg S. 78: Foto: AP Frankfurt; Liedtext: © Sanga Musik Inc. (Deutscher Text von Max Colpet)

S. 79: Foto links: Deutsches Filminstitut (DIF) Frankfurt; rechts: Deutscher Fernsehdienst (defd), Hamburg S. 81/82: Foto und Text von Ulrich Stock aus: DIE ZEIT vom 8.4.1995 S. 85: Fotos: MHV-Archiv (links unten: Franz Specht, alle anderen: Dieter Reichler) S. 87: Text von Helmut Hornung aus: Süddeutsche Zeitung vom 22.3.97 S. 89: Plakat: Michael Martin, München S. 90: Abbildung und Text (aus a&tr 2/96): Redaktion Abenteuer und Reisen © wdv Verlag, Bad Homburg S. 93/94: Foto: Sabine Nolf, Feldkirch (Herr Knapp) S. 95: Abbildung: Sony Deutschland GmbH S. 96: Text aus: Hasso Laudon, Wunderkind und Zauberflöte © Der Kinderbuch Verlag, Berlin S. 97: Foto: SV-Bilderdienst S. 98: Foto: Heinz Gebhardt, München; Interview mit Julia Fischer von Helmut Mauró aus: Süddeutsche Zeitung vom 24.4.95 S. 101: Abbildung links: Anzeige; Mitte: mit freundlicher Genehmigung von Wolfgang Bocksch Concerts, Mannheim (© wbs-musical); rechts: Deutscher Fernsehdienst (defd), Hamburg S. 102: Text von Arezu Weitholz aus: SZ-Magazin 34/97 S. 105: Fotos: Office Reinhold Messner, Meran S. 106: Text aus: Reinhold Messner/Ronnie Faux, Die autorisierte Biographie von Ronnie Faux (Textauszug) © 1981 by in der F.A. Herbig Verlagsbuchhandlung GmbH, München (Übersetzung von Ursula Pommer) S. 108: Fotos: MHV-Archiv (Nr.4 irisblende.de); alle anderen: (MEV) S. 109: Fotos: MHV-Archiv (links und rechts: Erna Friedrich, Mitte: Elisabeth Stiefenhofer) S. 110: Foto: Office Reinhold Messner, Meran; Text aus: Reinhold Messner, Everest Expedition zum Endpunkt, BLV Verlagsgesellschaft, München S. 111: Abbildung aus: Reinhold Messner, alle 14 Achttausender. Überlebt, BLV Verlag, München S. 113: Schuhe: Lowa Sportschuhe; Nordic Walking Stöcke: Komperdell Sportartikel S. 114: Fotos: MHV-Archiv (Dieter Reichler) S. 117: Foto: Interfoto, München S. 118: Abbildung und Text aus: Caroline Rennolds Milbank, Couture, © 1997 by DUMONT Buchverlag, Köln S. 120: Abbildung links: Quelle-Katalog (KL by Karl Lagerfeld) Quelle Schickedanz AG, Fürth; rechts: WSC CHIEMSEE (KGK Kern Gottbrath Kommunikation) S. 121: gekürzter Text aus: Der Große Brockhaus, Band 7, Bibliographisches Institut & F.A. Brockhaus AG, Mannheim S. 124/125: Text aus: Michael Tambini, Look of the Century. Das Design des 20. Jahrhunderts, © 1997 by Battenverg Verlag, Augsburg; Zeichnungen: Marion Steidle, Feldkirchen-Westerham S. 127: Fotos: MHV-Archiv (irisblende.de, MEV); age fotostock/mauritius images (rechts)

Wir haben uns bemüht, alle Inhaber von Bild- und Textrechten ausfindig zu machen. Sollten Rechteinhaber hier nicht aufgeführt sein, so ist der Verlag für entsprechende Hinweise dankbar.

5.	4.	3.		Die letzten Ziffern
2011	10	09	08 07	bezeichnen Zahl und Jahr des Druckes.

Alle Drucke dieser Auflage können, da unverändert, nebeneinander benutzt werden.

1. Auflage
© 2006 Hueber Verlag, 85737 Ismaning, Deutschland
Verlagsredaktion: Maria Koettgen, München; Dörte Weers, Weßling; Thomas Stark, Maitenbeth
Umschlaggestaltung, Layout: Marlene Kern, München
Zeichnungen: Martin Guhl, Duillier Genf
Druck und Bindung: Stürtz GmbH, Würzburg
Printed in Germany
ISBN10: 3-19-001696-8
ISBN13: 978-3-19-001696-9

INHALT

KURSPROGRAMM

KURSPROGRAMM

KURSPROGRAMM

KURSPROGRAMM

VORWORT

Liebe Leserin, lieber Leser,

in den vergangenen Jahren haben viele von Ihnen *em* Brückenkurs bereits weltweit erfolgreich als kurstragendes Lehrwerk eingesetzt. Mit der vorliegenden Neubearbeitung wollen wir Sie auch für die nächste Zeit mit aktuellem und interessantem Material ausrüsten. Dazu haben wir eine Reihe von Texten und Aufgaben ausgetauscht.

Nachdem sich der *Gemeinsame europäische Referenzrahmen* als anerkanntes Bezugssystem für Fremdsprachen in Europa etabliert hat, können wir für den *Brückenkurs* nun eine noch genauere Niveaubestimmung vornehmen. Kurs- und Arbeitsbuch bieten Lernstoff auf dem Niveau B1 an. Er eignet sich damit für Lernende, die mit den Basisstrukturen des Deutschen (z.B. Kasus, Deklination, Pronomen) vertraut sind und die bereits einen Wortschatz von etwa 1500 Wörtern haben.

Das flexible Baukastensystem von *em* haben wir bei der Neubearbeitung selbstverständlich beibehalten. Mit den Bausteinen Lesen, Hören, Schreiben, Sprechen, Wortschatz und Grammatik können Sie für Ihren Kurs ein Lernprogramm zusammenstellen, das auf spezielle Bedürfnisse ihrer Gruppe abgestimmt ist.

Die vier Fertigkeiten werden in *em* systematisch trainiert. Dabei gehen wir von der lebendigen Alltagssprache aus. Das breite Spektrum an Textsorten, die Sie im Inhaltsverzeichnis aufgelistet finden, spiegelt die Vielfalt der sprachlichen Realität außerhalb des Klassenzimmers wider. Sie begegnen in den Rubriken Lesen und Hören einer Vielfalt verschiedener Textsorten aus Presse, Film und Rundfunk, aber auch dem einen oder anderen literarischen Text. Besonders unter den Hörtexten finden sich einige lebendige neue Aufnahmen. Bei den produktiven Fertigkeiten haben wir darauf geachtet, dass die Lernenden für den Alltag relevante Textsorten kennen und bewältigen lernen. Beim Schreiben tauchen selbstverständlich moderne elektronische Kommunikationsformen wie E-Mails und Internet-Chats auf. Beim Sprechen steht die Bewältigung von anspruchsvolleren Alltagssituationen auf dem Programm. So können Lernende Diskussionsbeiträge ebenso üben wie typische Ausdrucksweisen bei einem geschäftlichen Telefonat.

Ausgehend von den spezifischen Bedürfnissen einer meist heterogenen Lerngruppe mit unterschiedlich ausgebauten Grundkenntnissen systematisiert das Grammatikprogramm Vorhandenes neu und stellt Bekanntes und Neues integriert dar. Die Lernenden erarbeiten sich den Grammatikstoff zunächst anhand der Lesetexte. Auf den letzten Seiten jeder Lektion ist er übersichtlich zusammengestellt.

Auch das Arbeitsbuch, das vielseitige Übungen zum Nachbereiten des Unterrichts und zum Selbstlernen anbietet, wurde mit neuen Texten und Aufgaben ergänzt. Jeweils auf der letzten Seite eines Arbeitsbuchkapitels finden Lernende eine Checkliste zur Selbstkontrolle. Damit können sie ihren Lernfortschritt nachvollziehen und aktiv beobachten.

Viel Spaß beim Lesen, Lernen und Durcharbeiten
wünschen Ihnen

Michaela Perlmann-Balme
Susanne Schwalb
Dörte Weers

Der Hinweis **AB** in der rechten Randspalte des Lehrbuchs verweist auf eine zum Stoff gehörige Übung im Arbeitsbuch. Der Hinweis **GR S. 20/2** führt Sie zur Grammatikzusammenstellung am Ende der Lektion, hier auf Seite 20, Abschnitt 2. Der Hinweis **ÜG S. 118** verweist auf die *em* Übungsgrammatik (ISBN 3-19-001657-7), hier ab Seite 118. Dort finden sich auf der angegebenen Seite Erklärungen und Übungen.

Jonas   Freiburg   Historische Romane   improvisieren

Valencia   **Sabine Storch**   11

Deutsch als Fremdsprache   16   süden

Bewegung   Jonny Depp

Bianca/weiß

1   **Wer bin ich?**
Ihre Kursleiterin/Ihr Kursleiter notiert ihren/seinen
Namen und zehn Begriffe, Wörter oder Zahlen an
der Tafel. Finden Sie heraus, was sie mit ihr/ihm zu
tun haben. Stellen Sie Entscheidungsfragen.

z.B.: Sind Sie in Freiburg geboren?

Folgende Redemittel helfen Ihnen bei den Frage-
stellungen. Ergänzen Sie diese Liste.

Heißt Ihr ...?
Waren Sie schon einmal ...?
Gefällt Ihnen ...? Mögen Sie ...?
Ist ... in Ihrem Leben wichtig?
Sind Sie ...?
Kommen Sie ...?
Leben Sie seit ... Jahren in ...?

2   **Setzen Sie sich nun zu viert zusammen.**
a Jeder notiert etwa zehn Begriffe, Wörter oder
Zahlen, die mit seiner Person zu tun haben,
auf ein Blatt.
b Legen Sie das Blatt einer Person in die Mitte
des Tisches. Die anderen drei stellen nun Entscheidungsfragen zu den Informationen auf dem Blatt,
die gefragte Person beantwortet die Fragen.
c Befragen Sie der Reihe nach alle Personen in
Ihrer Gruppe.

3   **Stellen Sie die einzelnen Personen Ihrer Gruppe
anschließend im Plenum kurz vor.**

AB

1 Arbeit und Freizeit

Bilden Sie Dreiergruppen. Sehen Sie sich die Fotos an und überlegen Sie:

(a) Sehen Sie diese Personen gerade in ihrer Freizeit oder bei der Arbeit?

(b) Welche Art von Tätigkeit üben diese drei Personen aus?

Bürotätigkeit - kreative - leitende - manuelle - soziale - wissenschaftliche - im Dienstleistungssektor - in der Landwirtschaft - in der Industrie

[handschriftlich: Bürotätig.. / Soziale / leitende / Kreative / ims Dienst.. / Leitungsse..]

2 Ordnen Sie die Redemittel folgenden Aspekten zu.

(a) Welche Tätigkeit/welchen Beruf übt die Person aus?

(b) Wie sieht der Tagesablauf aus?

(c) Wie sind Arbeit und Freizeit geregelt?

(d) Wie gefällt der Person die Tätigkeit? Was würde sie gern ändern?

Ich bin ... von Beruf.
Ich arbeite als ...
Als ... beschäftigt man sich mit ...
In meinem Beruf muss man vor allem ...

[handschriftlich: (a) Tätigkeit]

Ich trenne Arbeit und Freizeit (nicht) streng.
Ich arbeite (nicht) sehr regelmäßig.
Ich würde gern mehr/weniger arbeiten, aber ...

[handschriftlich: (c) Die Arbeits- und Freizeitsrege..]

Ich arbeite täglich von 11 bis 6, aber später wenn ...ich Aufführungen
Ich muss am Wochenende nie/immer/
manchmal arbeiten.
Am liebsten arbeite ich einer Aufführung für ein großes geilen Publikkum

[handschriftlich: Norm; (b) Tagesablauf; (d)]

Ich finde meinen Beruf interessant/
langweilig/anstrengend/..., weil ...
Ich würde gern mehr verdienen.
Ich hätte gern mehr Freizeit/Freiheit
in der Arbeit.

3 Stellen Sie nun Ihre Person im Kurs vor. Variieren Sie dazu dieses Beispiel.

Ich arbeite als freier Schriftsteller. Arbeit und Freizeit sind bei mir nicht streng getrennt. Eigentlich arbeite ich immer. Am liebsten und besten arbeite ich spätabends, wenn andere Menschen schon schlafen. Mir gefällt meine Arbeit total gut, weil sie kreativ ist. Allerdings würde ich gerne mehr verdienen. Bis jetzt habe ich nämlich noch keinen Bestseller geschrieben.

4 Interview

Suchen Sie einen Lernpartner/eine Lernpartnerin und stellen Sie Fragen zu den Aspekten aus Aufgabe 2. Stellen Sie ihn/sie anschließend im Kurs vor.

AB

HÖREN 1

_1_ Vermutungen
Sehen Sie sich das Foto an.

„ähnlich wie „vielleicht"

■ Wie alt ist der Mann wohl?
■ Was könnte er von Beruf sein?

> *Der Mann müsste ungefähr ... Jahre alt sein.*
> *Ich schätze ihn auf circa ... Jahre.*
> *Er ist wahrscheinlich ...*
> *Vermutlich ist/macht/geht/... er ...*

_2_ Hören Sie nun den ersten Teil eines Interviews
mit Thomas W.
Ergänzen Sie die Informationen im Kasten und
vergleichen Sie sie mit Ihren Vermutungen.

Thomas W.	
Wohnort:	München
Alter:	29 Jahre
Ausbildung:	6 Jahre beim Universität
Beruf:	Steuerberater

_3_ Hören Sie den zweiten Teil des Interviews.
Lesen Sie die Aufgaben jeweils vor dem Hören. Welche der folgenden
Aussagen sind richtig, welche falsch? Kreuzen Sie an.

		richtig	falsch
Abschnitt 1	**a** Thomas W. steht seit 1³/4 Jahren im Berufsleben.	☑	☐
	b Er hat sich sehr verändert, seit er berufstätig ist.	☐	☑
	c Seit er im Berufsleben steht, hat er weniger Zeit für sich selbst.	☑	☐
	d Während des Studiums hat er nie Bier getrunken.	☐	☑
Abschnitt 2	**e** Thomas' Vorstellungen *(Theorie)* vom Berufsleben haben sich ganz erfüllt. ✗	☑	☑
	f Thomas ist verheiratet und hat einen kleinen Sohn.	☑	☐
	g Während des Studiums hatte Thomas viel weniger Zeit, sich auch privat weiterzuentwickeln.	☐	☑
	h Er interessiert sich für Kunst, Geschichte und Musik. Leider hat er nur noch wenig Zeit dafür.	☑	☐
Abschnitt 3	**i** Früher hat Thomas Gedichte *(Poesie)* gelesen.	☑	☑
	☆**j** Heute hat er nur noch wenig Zeit zum Lesen.	☑	☑ ☆
	k Seine Frau und er haben früher nur wenig gemeinsam unternommen.	☐	☑
	l Thomas lernt gern neue Menschen kennen.	☑	☐
Abschnitt 4	**m** Thomas' Vater hat denselben Beruf wie er.	☑	☐
	n Thomas hat seinen Vater zum Vorbild.	☑	☐
	o Thomas hat drei Geschwister.	☐	☑
	p Thomas' Vater hatte nie genügend Zeit für die Familie.	☐	☑
	q Thomas findet, dass sein Vater stolz *(proud)* auf sich sein kann.	☑	☑

_4_ Fassen Sie in kurzen Sätzen die wichtigsten Informationen
zusammen, die Sie über Thomas W. bekommen haben.
Beginnen Sie so: *Thomas W. ist ... Jahre alt. Er arbeitet ...*

_5_ Finden Sie Thomas W. sympathisch?
Welche Einstellung hat er zu seiner Arbeit? Was halten Sie davon?

LESEN 1

<u>1</u> **Arbeitszeit – Freizeit**
Berichten Sie kurz:

a Wie viele Stunden in der Woche arbeiten die Menschen
in Ihrem Heimatland durchschnittlich?

b Wie viele Tage Urlaub haben sie im Jahr?

c Wie sind die normalen Arbeitszeiten am Tag? *Von ... Uhr bis ...*

<u>2</u> **Lesen Sie die folgenden Texte.**
Ordnen Sie die Überschriften den drei Texten zu.

Mehr Freizeit für alle!
Freizeit: Frust statt Lust!
Arbeit: Lust statt Frust!

1 Charlotte S., 31

In Deutschland gibt es einen Spruch: „Selbstständig
arbeiten bedeutet: selbst arbeiten und ständig arbeiten." Das ist negativ gemeint, und ich finde, das sagt
eine Menge über die ach so fleißigen Deutschen aus.
5 Was Eigeninitiative betrifft, gehören wir nämlich zu
den Schlusslichtern in Europa. Bei uns arbeitet nicht
mal jeder Zehnte auf eigene Rechnung, in Italien ist es
zum Beispiel schon jeder Vierte. Als ich vor acht Jahren
meine Partneragentur gegründet habe, warnten meine
10 Freunde: „Du wirst rund um die Uhr arbeiten und keine
Freizeit mehr haben!" Ich habe den Sprung ins kalte
Wasser trotzdem gewagt. Heute habe ich fünf Ange-
stellte, und meine Firma läuft super. Was wäre, wenn ich auf meine Freunde
gehört hätte? Dann wäre ich Chef- 15
sekretärin geblieben und hätte die Fünf-
tagewoche und 30 Tage Urlaub im Jahr.
Okay, nun arbeite ich mehr und hab weniger Urlaub. Aber dafür habe ich Spaß an der
Arbeit und bin meine eigene Chefin. Ach, würden die 20
Leute doch endlich aufhören, ständig nur herumzumau-
len und Forderungen zu stellen! Für Selbstständige gibt
es so viel zu tun – man muss sich nur trauen, damit anzu-
fangen.

2 Wilhelm W., 67

45 Jahre lang hab ich als Mechaniker gearbeitet.
Eigentlich hab ich ja Uhrmacher gelernt, aber dann bin
ich zu einer großen Autofirma gegangen. Ich hab mir
immer gewünscht, früher in Rente zu gehen, nicht erst
5 mit 65. Aber ich wollte nicht auf einen Teil meiner Rente verzichten. Da wäre ich in finanzielle Schwierigkeiten
gekommen. Ich hab mir immer ausgemalt, was ich alles
tun würde, wenn ich mal den ganzen Tag nur Freizeit
hätte. Jetzt bin ich seit zwei Jahren im Ruhestand und
10 muss ehrlich sagen, dass mir die Arbeit irgendwie fehlt. Natürlich hab ich Hobbys: Spazierenge-
hen und meine Uhrensammlung. Aber
das füllt mich nicht so richtig aus. Und
dauernd Fernsehen gucken ist doch
auch nichts. Meine Frau kann erst in 15
zwei Jahren in Rente gehen, wenn sie
60 ist. Dann wollen wir uns ein Wohnmobil kaufen
und richtig auf Reisen gehen. Darauf freue ich mich
schon sehr.

3 Peter R., 27

Wir leben in einem der reichsten Länder der Erde, trotzdem gibt es bei uns so viele Arbeitslose. Und von den
anderen, die Arbeit haben, wird verlangt, dass sie
Überstunden machen. Das ist doch unlogisch! Es
5 gibt immer weniger Arbeit für die große Mehrheit
und gleichzeitig immer mehr Reichtum für eine kleine Minderheit. Wer soll in Zukunft all die Dinge kaufen,
die produziert werden? Ich würde mir wünschen, dass
alles besser verteilt wäre. Dann hätten alle weniger
10 Arbeit und mehr Freizeit. Vor hundert Jahren haben die Leute noch vierzehn Stunden am Tag
gearbeitet, und das sechs Tage die
Woche, 52 Wochen im Jahr. Wenn das
heute noch so wäre, dann hätten wir drei-
mal so viele Arbeitslose. Wir haben unser 15
jetziges soziales Netz lange und hart genug
erkämpft, zum Beispiel die 38-Stunden-
Woche. Wenn wir sie uns jetzt entreißen ließen, würden
wir uns vielleicht bald alle auf dem Arbeitsamt wiedersehen. 20

LESEN 1

_3_ **Lesen Sie die Texte noch einmal.**

a In welchen Texten erhalten Sie welche Informationen über Arbeitszeit
und Freizeit in Deutschland? Notieren Sie diese Informationen im Kasten unten.

	Charlotte S.	Wilhelm W.	Peter R.
Rentenalter: Männer/Frauen		65/60	
durchschnittliche wöchentliche Arbeitszeit heute			38 Stunden
durchschnittliche wöchentliche Arbeitszeit früher			14 Stunden/ 6 Tage/52 Wochen
Urlaub	30 Tage		

b Vergleichen Sie diese Informationen mit den Informationen,
die Sie in Aufgabe 1 gesammelt haben. Welche Unterschiede gibt es
zu Ihrem Heimatland?   `AB`

_4_ **Wessen Ansichten finden Sie richtig/nicht richtig? Warum?**

> *Meiner Meinung nach hat Charlotte Recht, weil ...*
> *Ich finde, dass Peter nicht Recht hat, denn ...*
> *Ich kann Wilhelm nur zustimmen. ...*

GR _5_ **Konjunktiv II**   GR S. 20/1

a Was wird mit dem folgenden Satz ausgedrückt?
„Dann wäre ich Chefsekretärin geblieben ..." (Text 1, Zeile 15/16)

☐ eine irreale Möglichkeit   ☐ eine Meinung   ☐ ein Argument

b Unterstreichen Sie in den Texten alle Sätze mit Verben
im Konjunktiv II und machen Sie eine Liste.

Text 1	Was wäre, wenn ich auf meine Freunde gehört hätte? ...
Text 2	Da wäre ich in ... ...

c Markieren Sie in der Liste die Verben im Konjunktiv II.

- Von welchen Verben sind die Formen *wäre* und *hätte* abgeleitet?
- Ergänzen Sie: Man bildet den Konjunktiv II der Gegenwart normalerweise mit der Umschreibung _würde_ + Infinitiv.

d Welche Verben in Ihrer Liste sind in der Vergangenheitsform? Notieren Sie.

gehört hätte

e Ergänzen Sie: Den Konjunktiv II der Vergangenheit bildet man aus der
Imperfekt-Form der Verben *haben* und _sein_ + Partizip II.   `AB`

GR _6_ **Wünsche**

a Welcher Satz aus Ihrer Liste (Aufgabe 5b) drückt einen Wunsch aus?
b Formulieren Sie weitere Wünsche im Konjunktiv II für die drei Personen.
Beispiel: *Wilhelm W.: Ach, wäre meine Frau doch auch schon in Rente.*
c Nennen Sie nun drei eigene Wünsche.
Beispiel: *Ach, hätte ich doch ein größeres Auto.*   `AB`

GR _7_ **Was würden Sie Wilhelm W. raten?**
Formulieren Sie Ratschläge, gebrauchen
Sie dabei den Konjunktiv II.

> *An seiner Stelle würde ich ...*
> *Wenn ich Wilhelm wäre, ...*
> *Er sollte vielleicht ...*

`AB`

HÖREN 2

1   **Hören Sie die ersten Takte eines Liedes.**

   a Was assoziieren Sie mit dieser Musik?

   b Wie alt ist wohl das Lied, das Sie nun hören werden?

   c Was sagt Ihnen das Foto über den Sänger und Komponisten Georg Kreisler?

2   **Das Lied heißt „Wenn alle das täten ...".**
   Worum könnte es hier gehen?

3   **Schließen Sie das Buch und hören Sie drei Strophen des Liedes.**
   Beantworten Sie anschließend die folgenden Fragen.

   a Was rät Georg Kreisler? Notieren Sie seine Empfehlungen.

     nicht so viel arbeiten

Wenn Sie mehr über Georg Kreisler wissen wollen, lesen Sie im Arbeitsbuch nach.   **AB**

   b Wie würde die Welt aussehen, „wenn alle das täten ..."?

   c Aus welcher Region stammt Georg Kreisler wohl?

     ☐ aus Norddeutschland   ☐ aus der Schweiz
     ☐ aus Österreich   ☐ aus Ostdeutschland

4   **Hören Sie das Lied noch einmal in Strophen.**
   Lesen Sie den Text mit.

Strophe 1

Bleiben Sie doch mal Ihrer Arbeit fern,
gehen Sie stattdessen spazieren,
wenigstens vormittags, das macht doch Spaß.
Schlafen Sie aus oder lesen Sie was,
alles wird weitergehen ohne Sie,
Sie würden gar nichts riskieren.

Sie werden sagen, wenn alle das täten,
dann wär das ein schrecklicher Schlag.
Ja, wenn alle das täten, dann hätten
halt alle einen herrlichen Vormittag.

Strophe 2

Oder machen Sie gerade Ihr Studium?
Und macht das Studium Sorgen?
Na, jung und gesund sind Sie, das ist doch
fein, lassen Sie einfach das Studium sein.
Werden Sie verhungern? Bestimmt nicht
gleich, heute verhungert man morgen.

Sie werden sagen, wenn alle das täten,
wie soll unsere Welt dann florieren?
Ja, wenn alle das täten, dann würde halt
niemand studieren, aber sonst würde gar
nichts, rein gar nichts den Leuten passieren.

Deswegen geht die Welt doch nicht
unter, sie geht eher unter, wenn's so
bleibt wie jetzt.
Mut macht erfinderisch, glücklich
und munter, nur Angst macht uns
hungrig, verwirrt und verhetzt.

Strophe 3

Seien Sie doch nicht immer so
angepasst, tun Sie, was andere ärgert,
andere rechnen, dass Sie sich bemühen,
ihnen die Kohlen aus dem Feuer zu
ziehen¹. Finden Sie Kohlen² denn
wichtiger als Ihr eigenes Leben?

Sie werden sagen, wenn alle das täten,
dann würden sich viele doch grämen³.
Ja, wenn alle das täten, dann müssten
halt alle mehr Rücksicht nehmen.

[1] jmdn. die Kohlen aus dem Feuer ziehen:
   für jmdn. eine unangenehme Arbeit machen
[2] Geld
[3] sich ärgern

5   **Empfehlungen**

   a Unterstreichen Sie im Text alle Empfehlungen, die Georg Kreisler gibt. Vergleichen Sie mit Ihrer Liste (Aufgabe 3a).

   b Welche Empfehlungen finden Sie richtig, welche nicht? Warum (nicht)?

   c Geben Sie den anderen Kursteilnehmern Empfehlungen, die ihre Arbeit, ihre Ausbildung oder das Leben allgemein betreffen.
     Beispiele: *Sie sollten nicht jedes Wochenende arbeiten!*
               Sie könnten doch einmal pro Woche Sport machen!

1

SPRECHEN 2

<u>1</u>   **Gespräche am Arbeitsplatz**
Lesen Sie den Dialog und spielen Sie ihn nach.

Situation 1:
Sie wollen Ihren Urlaub für dieses Jahr beantragen
und sprechen mit Ihrer Chefin/Ihrem Chef darüber.

Bitten Sie Ihre Chefin/Ihren Chef um ein Gespräch.
*Frau/Herr Denkart, ich würde gern mal
mit Ihnen sprechen.*

Antworten Sie höflich.
Ja, natürlich. Worum geht es denn?

Sagen Sie, worüber Sie sprechen möchten.
Es geht um meinen Urlaub.

Fragen Sie nach der gewünschten Zeit.
Wann möchten Sie denn Urlaub machen?
Was hätten Sie sich denn vorgestellt?

Nennen Sie Ihren Wunschzeitpunkt.
Ich würde gern von ... bis ... in Urlaub gehen.
Ginge das?
Könnte ich im ... Urlaub nehmen?

Erklären Sie, ob dieser Zeitpunkt passt.
(Urlaub anderer Kollegen usw.)
Also, im ... passt es weniger gut.
Da ist auch Herr X weg.

Begründen Sie die gewünschte Zeit.
Ich muss unbedingt in dieser Zeit gehen,
weil meine Kinder da Schulferien haben.

Reagieren Sie auf die Begründung.
Das verstehe ich. Aber Herr X hat auch Kinder
in der Schule.

Bieten Sie eine kleine Verschiebung der Zeit an.
Stimmt. Ich könnte vielleicht ein paar
Tage ... gehen. Zum Beispiel von ... bis ...

Entscheiden Sie.
Das ist ein guter Vorschlag.
Könnten Sie das bitte mit Herrn X klären?
Wären Sie so nett, das mit Herrn X zu besprechen?

<u>GR 2</u>   **Höfliche Bitte**
Sehen Sie sich noch einmal den Dialog an.

a Suchen Sie die Formulierungen, in denen eine Sprecherin/ein Sprecher
um etwas bittet.

Frau/Herr ... ich würde gern mal mit Ihnen sprechen.

b Wie wird eine höfliche Bitte meistens ausgedrückt?
c Bitten Sie Ihre Lernpartnerin/Ihren Lernpartner höflich um etwas.
Diese/r willigt ein oder weist die Bitte höflich zurück.
Beispiel: ● *Würdest du mich heute Abend bitte vom Büro abholen?*
          ■ *Ich würde dich ja sehr gern abholen, aber leider ...*

AB

<u>3</u>   **Schreiben Sie nun einen Dialog zu Situation 2 und sprechen
Sie ihn.**

GR S. 20/1

Situation 2:
Sie sind neu in einem Büro und arbeiten täglich fünf Stunden. Sie teilen
sich mit einer Kollegin einen Arbeitsplatz. Besprechen Sie mit ihr,
wer wann an dem Platz arbeiten wird. Ihre Kollegin arbeitet auch Teilzeit.

1

__1__   **Wie verbringen Sie gewöhnlich Ihren Sonntag?**
Unterhalten Sie sich mit Ihrer Lernpartnerin/Ihrem Lernpartner darüber.
Berichten Sie dann in der Klasse.

__2__   **Sehen Sie sich die Überschrift und die Bilder an.**
Um was für eine Art von Text handelt es sich wohl?

☐ um einen Sachtext   ☐ um einen Bericht   ☐ um einen ironischen Text

Immer wieder sonntags

Es ist Sonntagmorgen, und ich liege im Bett. Alle Geschäfte sind geschlossen. 18 Stunden Freizeit am Stück! Was soll ich bloß tun? Jemanden anrufen? Aber wen? Vor meinem inneren Auge taucht ein
5 muskulöser Körper mit einem grinsenden Gesicht auf. Kurt! Nein! Bloß nicht Kurt! Ein Sonntag mit Kurt, das hieße: rauf aufs Mountain-Bike, 80 Kilometer strampeln bis an einen Bergsee, die Räder abstellen, 800 Höhenmeter den Berg hoch-
10 rennen, die letzten 200 Meter freeclimben, am Gipfel den Paragliding-Schirm auspacken und runtersegeln, zur Erfri-
15 schung in den See springen, einmal ans andere Ufer kraulen und zurück – sind ja nur schlappe vier Kilometer –, dann wieder rauf auf die Bikes und zurück nach Hause. Jetzt ist Kurt so richtig warm, und der Sportsonntag
20 kann in die nächste Phase gehen. Also runter in Kurts Fitness-Folterkeller und Muskeltraining bis um sieben. In der Sauna hat Kurt dann eine tolle Idee: Wir lassen das Abendessen ausfallen, um noch schnell zwei Stunden Squash im neuen Sport-Erlebnis-Center dranzuhän-
25 gen. Ist doch super, oder? fragt er. Ja, super, Kurt. Super, dass ich dich nicht angerufen habe, sondern Anita.

Ja, Anita! Nein, Anita nicht! Es sei denn, ich hätte Lust darauf, sofort aus dem Bett zu springen, damit uns die Sonntagsmatinee des VZK (Verein für zeit-
30 genössische Kammermusik e. V.) nicht entgeht. Am späten Vormittag geht's mit dem Taxi zur Ausstellungseröffnung in der Staatsgalerie, und um zwei Uhr hält Professor Ruckschlager einen Vortrag über subjektivistischen Objektivismus, wahnsinnig
35 interessant, da muss man einfach hin. Das geht bis halb fünf, was sehr gut passt, denn Anitas Single-Selbsterfahrungsgruppe trifft sich heute ausnahmsweise erst um fünf
40 Uhr. Dort gibt es Tee und Vollwert-Kekse, also sparen wir uns das Abendessen. Prima, meint Anita, da ist genug Zeit, noch in diese tolle Dokumentarfilm-Retrospektive zu gehen, im Maxi-Kino. Jaja, prima, Anita! kichere ich hysterisch in mein Kopfkissen. Find ich alles supertoll. Nur scha- 45 de, dass ich nicht dabei sein werde. Denn ich rufe jetzt Eberhard an.

Eberhard hasst Sport. Und Kultur ist für ihn ein Fremdwort – außer es handelt sich um Essen und 50 Trinken. Auf diesem Gebiet ist er allerdings unschlagbar. Sonntags bruncht er ab zehn Uhr gern im Eden-Hotel, dort gibt's alles vom Roastbeef bis zu den Scampi, 55 25 verschiedene Käsesorten aus zwölf Ländern, Champagner vom Feinsten. Nicht ganz billig allerdings, da muss man schon was hinlegen. Hinterher ist man reif für eine Woche Nulldiät – es sei denn, man heißt Eberhard. Der schleppt mich ins Café Schulz – das mit den 60 berühmten Cremetorten. Schon eine davon würde genügen, um ein Hängebauchschwein langfristig aus dem Gleichgewicht zu bringen, aber zum Glück gibt's ja diesen wunderbaren 30 Jahre alten Cognac – der löst das Fett. Bei einer Original-Havanna kommt es nun zur 65 Frage des Tages: Wohin zum Abendessen? In den „Waldhof" oder in die „Forelle"? Eberhard ist für die „Forelle", weil es dort diese leckeren Flusskrebse gibt. Die Café-Rechnung teilen wir uns brüderlich, und ich mache einen Vorschlag. Wir könnten doch zu Fuß zum 70 Restaurant … um einen Verdauungsspaziergang zu machen … Nein? Eberhard sieht mich verständnislos an und schüttelt besorgt den Kopf. Dann winkt er einem Taxi und fährt seinen Flusskrebsen entgegen.

Ich aber liege noch immer im Bett und habe keine 75 Ahnung, wie ich diesen Sonntag überstehen soll. Mit Kirsten alle Flohmärkte in fünfzig Kilometer Umkreis abklappern? Mit Annette zum Bungee-Springen? Na ja, jetzt reicht's aber. Man muss ja nicht jeden Schwachsinn mitmachen, oder? Wie gut, dass ich für 80 den Notfall Arbeit mit nach Hause genommen habe!

__3__ **Wie verläuft der Sonntag von Kurt, Anita und Eberhard?**
Notieren Sie Stichpunkte.

	Kurt	Anita	Eberhard
Vormittag	Mountain-Bike fahren ...		
Nachmittag			
Abend			

`AB`

__4__ **Charakterisieren Sie den Erzähler in wenigen Sätzen.**

langweilig – aktiv – intellektuell – ironisch – fröhlich – schlecht gelaunt – spöttisch

__5__ **Telefongespräche**
Simulieren Sie die Telefongespräche, die der Erzähler in Gedanken
durchspielt. Bilden Sie Viererengruppen. Einer übernimmt die Rolle des
Erzählers, die anderen spielen die drei beschriebenen Personen.

Beginnen Sie so:

● *Hallo, hier ist ...*
  Hast du heute schon was vor?
■ *Ja, also, ich stelle mir den Tag so vor: ...*

Gleich um ... Uhr gehen/fahren/... wir ...
Und dann könnten wir ...
Später dann ...
Gegen ... Uhr beginnt ...

__6__ **Mit welcher der drei Personen würden Sie am liebsten
einen Sonntag verbringen? Warum?**

GR __7__ **Finalsätze**   GR S. 20/2

ⓐ Was wird mit dem folgenden Satz ausgedrückt?
„Wir lassen das Abendessen ausfallen, *um* noch schnell
zwei Stunden Squash ... dranzuhängen." (Zeilen 22-25)

☐ eine Absicht   ☐ eine Bedingung   ☐ ein Gegensatz

ⓑ Suchen Sie weitere Sätze mit *um ... zu* aus dem Text und
tragen Sie sie in den Kasten ein.

Finalsätze	
um ... zu	damit
Wir lassen das Abendessen ausfallen, um noch schnell zwei Stunden Squash dranzuhängen.	Wir lassen das Abendessen ausfallen, damit wir noch schnell zwei Stunden Squash dranhängen können.

ⓒ Wie könnte man die Sätze anders ausdrücken? Formulieren Sie um.   `AB`
ⓓ Suchen Sie im zweiten Absatz einen Satz mit *damit*. Warum kann man
diesen Nebensatz nicht auch mit *um ... zu* ausdrücken?

GR __8__ **Spiel: Frage-Antwort-Kette**
Spieler/in 1 stellt Spieler/in 2 eine Frage mit *warum* oder *wozu*.
Spieler/in 2 antwortet mit einem Finalsatz. Dann richtet Spieler/in 2
eine Frage an Spieler/in 3 usw. Wem keine passende Antwort einfällt, der
scheidet aus. Beispiel: Spieler/in 1: *Wozu brauchst du deinen Computer? –*
Spieler/in 2: *Um Briefe zu schreiben. Warum stellt Spieler/in 1 so
dumme Fragen? –* Spieler/in 3: *Damit unsere Lehrerin sich freut.*

1   Pantomime

Jede/r Kursteilnehmer/in schreibt eine Freizeitaktivität auf einen Zettel.
Die werden in der Klasse verteilt. Jede/r spielt die Aktivität auf ihrem/
seinem Zettel pantomimisch vor. Die anderen raten, was gespielt wurde.

2   Was machen Sie in der Freizeit?

a Wählen Sie unter folgenden Aktivitäten aus und ergänzen Sie die
Tabelle. Notieren Sie Freizeitaktivitäten, die Sie häufig machen, solche,
die Sie selten machen, und solche, die Sie noch nie gemacht haben.
Welche davon würden Sie gern ausprobieren?

lesen – ins Museum gehen – Karten spielen – joggen – ins Restaurant
gehen – Federball spielen – im Internet surfen – fotografieren –
ein Instrument spielen – eine Radtour machen – fernsehen – im Garten
arbeiten – ein Konzert besuchen – Ski fahren – stricken – tanzen –
ein Regal bauen – windsurfen – in ein Spielcasino gehen – wandern –
zeichnen/malen – Computerspiele machen – eine Fremdsprache lernen –
spazieren gehen – Bungeespringen – in die Oper gehen – Ruderboot
fahren – einen Computerkurs machen – ...

oft	selten	noch nie	
		... möchte ich nicht ausprobieren, weil...	... möchte ich ausprobieren, weil...

b Gehen Sie in der Klasse herum und suchen Sie jemanden, der möglichst
ähnlich geantwortet hat wie Sie. Tauschen Sie sich darüber aus,
warum Sie bestimmte Dinge gern, andere weniger gern tun und was
Sie unbedingt einmal ausprobieren wollen.

`AB`

3   Welche Wörter/Ausdrücke passen zu welcher Person?

Ordnen Sie zu. Versuchen Sie anschließend, die Wörter/Ausdrücke in
Ihre Muttersprache zu übersetzen.

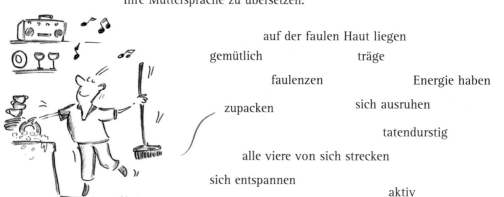

auf der faulen Haut liegen

gemütlich   träge

faulenzen   Energie haben

zupacken   sich ausruhen

       tatendurstig

alle viere von sich strecken

sich entspannen

       aktiv

4   Buchstabenspiele

a Was kann man alles sammeln? Ordnen Sie die Buchstaben und notieren Sie
das richtige Wort.

Briemafkern   Bierdckele   Ztüsucckckere   Augratomme   Müznen   Biderl

Briefm _____   _____   _____   _____   _____   _____

b Und was sammeln Sie? Machen Sie ein ähnliches Buchstabenrätsel.

SCHREIBEN

1 Lesen Sie die folgenden Nachrichten.
Wo oder wie könnte man solche Nachrichten
wohl empfangen?

2 Schreiben Sie eine E-Mail an den Außerirdischen Flux
oder an Monika aus Zürich.

a) Sammeln Sie Stichworte zu den folgenden Aspekten.

- Was könnte Flux/Monika an meiner Person und meinem Leben interessieren?
- Was möchte ich über Flux/Monika, den Mars/die Schweiz und das
  Leben dort erfahren?

b) Ordnen Sie die Stichworte und verfassen Sie einen Brief nach der
folgenden Gliederung.

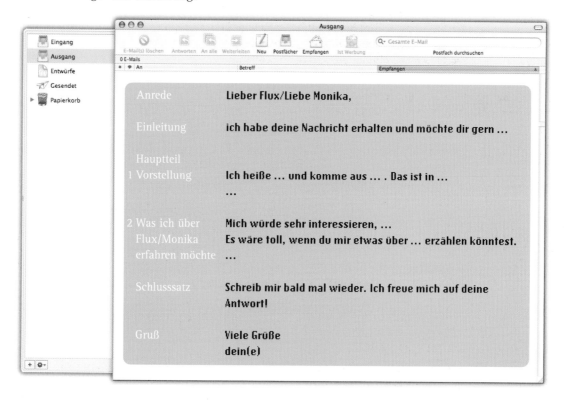

3 Lesen Sie Ihren Text nach dem Schreiben noch einmal durch.
Kontrollieren Sie, ob Sie alle relevanten Punkte berücksichtigt und die
Redemittel oben verwendet haben.

AB

ÜG S. 118

_1_ ## Konjunktiv II

a Formen der Gegenwart
Der Konjunktiv II der Gegenwart wird meistens mit *würde* + Infinitiv gebildet.

ich	würde	fahren
du	würdest	fahren
er/sie/es	würde	fahren
wir	würden	fahren
ihr	würdet	fahren
sie/Sie	würden	fahren

Die Hilfsverben *haben* und *sein*, die Modalverben sowie einige starke Verben werden auch häufig in der Originalform benutzt. Die Originalform wird aus dem Präteritum abgeleitet.

Infinitiv	Konjunktiv II		Infinitiv	Konjunktiv II	
haben	ich	hätte	werden	ich	würde
sein	ich	wäre	kommen	ich	käme
dürfen	du	dürftest	lassen	du	ließest
müssen	er/sie/es	müsste	wissen	er/sie/es	wüsste
wollen	wir	wollten	schlafen	wir	schliefen
sollen	ihr	solltet	nehmen	ihr	nähm(e)t
können	sie/Sie	könnten	brauchen	sie/Sie	brauchten

b Formen der Vergangenheit
Der Konjunktiv II hat nur eine Vergangenheitsform.

ÜG S. 120

Indikativ	Konjunktiv II		Indikativ	Konjunktiv II
er spielte			wir gingen	
er hat gespielt	er hätte gespielt		wir sind gegangen	wir wären gegangen
er hatte gespielt			wir waren gegangen	

c Funktion des Konjunktivs II

ÜG S. 122 ff.

Irreale Bedingung:	*Wenn ich mehr Freizeit hätte, würde ich viel mehr Bücher lesen.*
Irrealer Wunsch:	*Ach, hätte ich doch/nur nicht so viel Arbeit!*
Ratschlag:	*An deiner Stelle würde ich nicht so viel verreisen.*
Vorsichtige, höfliche Bitte:	*Würdest du mir mal den Stift geben?*
Irrealer Vergleich:	*Er tut so, als ob er den ganzen Tag arbeiten würde.*
	Er tut so, als wenn er überhaupt keine Zeit hätte.

_2_ ## Finalsätze

ÜG S. 172

Mit den Konjunktionen *um ... zu* und *damit* wird ein Ziel bzw. eine Absicht ausgedrückt.

Ich lerne Deutsch, um mehr Chancen im Beruf zu haben.	*Ich lerne Deutsch, damit ich mehr Chancen im Beruf habe.*

Ist das Subjekt in Haupt- und Nebensatz identisch, kann man *um ... zu* oder *damit* verwenden. Gibt es zwei oder mehr Subjekte, muss *damit* verwendet werden.

Ich lerne Deutsch, *damit meine Eltern* sich freuen.
Ich schenke dir ein Buch für den Urlaub, *damit* es *dir* am Strand nicht langweilig wird.

FAMILIE

Alter: 9
zur Zeit: Besuch der
4. Klasse
Lieblingsbe-
schäftigungen: _____
Sternzeichen: Jungfrau

Alter: 38
Beruf: _____
Studium: Biologie
Hobbys: Lesen, Computer
und Fahrradfahren
Lieblings-
schriftsteller: Thomas Mann

Alter: 40
Beruf: Krankenpfleger(in)
Hobbys: _____
Lieblingsfilm: Gandhi
Sternzeichen: Wassermann

Alter: _____
zur Zeit Klasse: _____
Lieblingsessen: Pizza
Sternzeichen: Steinbock

__1__ Wer ist wer?
Ordnen Sie die Angaben den einzelnen Personen zu.

__2__ Wer macht was?
(a) Ergänzen Sie nach eigenen Ideen die fehlenden
Informationen.
(b) Wer hat wohl das Hobby Fußballspielen?
(c) Wer verbringt wahrscheinlich viel Zeit zu Hause?
(d) Wer ist vermutlich für Kochen und Einkaufen
zuständig?

HÖREN

1 **Auf dem Foto auf Seite 21 sehen Sie Familie Braun-Weininger.**
Was würden Sie die Familienmitglieder alles fragen?

2 **Sie hören nun ein Interview mit dieser Familie.**
Hören Sie das Gespräch einmal ganz. Über welche der folgenden
Themen wird gesprochen?

Thema	ja	nein
die Aufgabenverteilung in der Familie		
Tagesablauf bei Familie Braun-Weininger		
Probleme der Eltern am Arbeitsplatz		
Schulweg der Kinder		
die Beziehung zu den Großeltern		
das Mittagessen		
Freizeitaktivitäten der Familie		
Zukunftspläne der Familie		
das Zimmer der Kinder		
das Taschengeld der Kinder		
Schulsorgen der Kinder		

`AB`

3 **Hören Sie das Interview noch einmal in Abschnitten.**

Abschnitt 1
(a) Was macht die Familie gerade?
(b) Wer kümmert sich um das Essen?
(c) Welche Aufgaben im Haushalt übernehmen auch die Kinder?

Abschnitt 2 Ergänzen Sie, was die Familienmitglieder wann machen.
(d) 5.30   *die Mutter steht auf*
(e) 7.00
(f) 7.50
(g) 8.00
(h) ca. 13.00

Abschnitt 3 Ergänzen Sie die Sätze.
(i) *Clemens und sein Vater* machen gern Fahrradtouren.
(j) _____ bleibt am Wochenende oft zu Hause oder geht zu Freunden.
(k) _____ gehen manchmal ins Kino.
(l) _____ interessieren sich dafür, was ein Urlaub oder Geschenke kosten.

Abschnitt 4 Beantworten Sie die Fragen in Stichworten.
(m) Was ist das Besondere an Paulas und Clemens' Bett?
(n) Wo schläft Paula?
(o) Wie lange machen die beiden Schulaufgaben?
Clemens: maximal _____ Paula: maximal _____
(p) Was machen die beiden am Nachmittag? Nennen Sie mindestens vier Aktivitäten.
1 _____ 2 _____ 3 _____ 4 _____
(q) Wann gehen die Kinder normalerweise ins Bett?

4 **Was hat Sie bei diesem Interview überrascht?**

`AB`

1 **Zu wem hat ein Mensch Beziehungen?**
Ergänzen Sie.

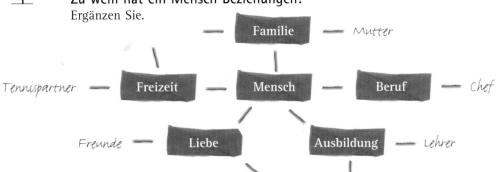

2 **Verben, die Gefühle ausdrücken**
Ordnen Sie diese Verben in drei Gruppen.

jemanden lieben – jemanden hassen – jemanden gern haben – jemand
ist einem gleichgültig – jemand geht einem auf die Nerven – sich zu
jemandem hingezogen fühlen – für jemanden viel empfinden – jemanden sympathisch finden – für jemanden durchs Feuer gehen – sich
nichts aus jemandem machen – jemanden nicht ausstehen können –
jemanden gut leiden können – sich für jemanden nicht interessieren –
jemanden nicht leiden können – jemandem die kalte Schulter zeigen

jemanden lieben   *jemand ist einem*   *jemanden hassen*
                    gleichgültig

warm   *egal*   *kalt*

3 **Adjektive, die Gefühle ausdrücken**
Ordnen Sie auch die Adjektive den drei Gesichtern zu.

abgekühlt – warm – herzlich – freundlich – gleichgültig – unangenehm – leidenschaftlich – innig – eisig – frostig – sympathisch –
distanziert – nett – indifferent – kalt – leidenschaftslos – egal

AB

4 **Emotionale Beziehungen**

a Ordnen Sie den Personen unten jeweils mindestens drei passende Gefühle zu.

die Liebe – die Muttergefühle – die Eifersucht – die Abhängigkeit – das
Vertrauen – die Konkurrenz – die Bewunderung – der Neid – die Soli-
darität – die Autorität – die Wärme – der Respekt – die Sorge – das
Misstrauen – der Spaß – die Rücksicht ...

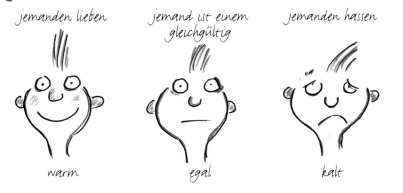

zwischen Mutter und Kind: *Muttergefühle, Sorge,*	zwischen Lehrer und Schüler: *die Autorität, Bewunderung*
zwischen Vater und Kind: *Autorität, Respekt*	zwischen Ehepartnern: *die Liebe, Eifersucht, Vertrauen*
zwischen Geschwistern: *Neid, Konkurrenz, Eifersucht*	zwischen Kollegen: *Solidarität, Misstrauen, Bewunderung*
zwischen Freunden: *Spaß, Vertrauen, Respekt*	

b Welche Gefühle sind eher positiv, welche eher negativ? Markieren Sie
die Wörter mit + oder -.

AB

23

1 **Wie leben junge Erwachsene in Deutschland?**

ⓐ Sehen Sie sich die Graphik an. Worüber informiert sie?

ⓑ Was erfahren Sie über den Wohnort junger Leute?

ⓒ Was erfahren Sie über das Zusammenleben mit anderen?

ⓓ Welche Informationen finden Sie erstaunlich?

So leben die jungen Erwachsenen

Von je 1 000 Bundesbürgern im Alter zwischen 18 und 25 Jahren leben

636 bei E o ei Elt

128 mit Ehe-partner(in)

121 allein

84 in nichtehelicher Lebens-gemeinschaft

18 in Wohngemeinschaft

13 als Alleinerziehende

Quelle: Stat. Bundesamt

2 **Mengenangaben**

ⓐ Unterstreichen Sie im folgenden Text alle Aus-drücke, in denen Zahlen in Worte gefasst sind.

Die meisten der 18- bis 25-Jährigen strecken ihre Bei-ne noch unter dem elterlichen Tisch aus. Fast zwei Drittel der jungen Erwachsenen wohnen mit ihren Erzeugern unter einem Dach. Nur ein gutes Drittel hat das Elternhaus verlassen. Die meisten davon sind ver-heiratet oder wohnen mit einem Partner oder einer Partnerin zusammen. Circa 12% der jungen Leute le-ben als Single, knapp 2% in einer Wohngemeinschaft und eine Minderheit von 1,3% allein mit Kind/Kindern.

ⓑ Ergänzen Sie die unterstrichenen Ausdrücke in der Spalte links und ordnen Sie rechts einen passenden synonymen Ausdruck zu.

Mengenangaben aus dem Text	Synonyme: ungefähr ... % – die wenigsten – die Mehrheit – 35-40% – etwas weniger als ... % – mehr als die Hälfte
die meisten	die Mehrheit
fast zwei Drittel	
...	

`AB`

3 **Lebensformen junger Leute in Ihrer Heimat**
Unterhalten Sie sich in Kleingruppen. Berichten Sie dann in der Klasse.

ⓐ Wo leben die meisten jungen Erwachsenen in Ihrem Heimatland?

■ mit circa 18, d.h. direkt nach Abschluss der Schule
■ mit circa 21, d.h. während der Ausbildung/des Studiums
■ mit circa 26, d.h. während der ersten Berufsjahre

Verwenden Sie in Ihrem Bericht die Mengenangaben aus Aufgabe 2. Wenn Sie keine genauen Informationen haben, schätzen Sie.

Ich glaube, die meisten ...
Vermutlich sieht es in meiner Heimat so aus: Die wenigsten ...
Ich schätze, dass gut die Hälfte ...

ⓑ Erzählen Sie einige Beispiele aus Ihrem Bekanntenkreis.

ⓒ Gibt es bei Ihnen auch Wohngemeinschaften oder nicht eheliche Lebensgemeinschaften? Wenn nein, warum nicht?

ⓓ Welche Lebensform bevorzugen Sie persönlich? Welche würde Ihnen weniger gut gefallen? Begründen Sie Ihre Meinung.

Am liebsten würde ich ... leben.
... zu leben gefällt mir am besten.
Am allerwenigsten würde mir ... gefallen.

`AB`

SPRECHEN 2

1 Familienporträt

a Sehen Sie sich die Fotos an und klären Sie Lisas Familienverhältnisse.

mein Papa

meine Mama und mein neuer Papa

die neue Freundin von meinem Papa

unser neues Baby

mein Stiefbruder

Ich bin Lisa.

b Ergänzen Sie die passenden Wörter.
Halbbruder – Halbschwester – leibliche Geschwister – leibliche Mutter
leiblicher Vater – Stiefbruder – Stiefschwester – Stiefmutter – Stiefvater

alte Familie	neue Familie
leibliche Mutter	

2 Hören Sie Lisas Familiengeschichte.
Fassen Sie mündlich zusammen.

3 Hören Sie ein Gespräch.
a Wer spricht hier mit wem? *Lisa's Mutter + Vater*
b Was möchte die Anruferin? *daß Lisas Vater kommt für Weinachten*
c Wie reagiert der Angerufene? *er ist nicht sicher*
d Was wird passieren? *Er kommt*

4 Führen Sie ein Gespräch mit Ihrer Lernpartnerin/ Ihrem Lernpartner.
Situation 1: Eine Bekannte hat Sie zu einer Party eingeladen, hat aber nichts davon gesagt, dass Sie jemanden mitbringen können.
Situation 2: Ein Freund hatte versprochen, dass er Ihnen für eine Reise sein Auto leiht; jetzt braucht er es plötzlich selbst.

das Gespräch eröffnen
Ich wollte mal mit dir über ... reden.
Unverständnis benennen
Ehrlich gesagt kann ich nicht verstehen, ...
Vorwissen aktivieren
Du weißt doch, dass ich ...!
Hast du vergessen, dass ich ...?
Aber ich weiß doch gar nicht, ob ...
um Verständnis werben
Denkt doch bitte mal an ...
Lösungsvorschläge machen/annehmen
Es wäre doch schön, wenn ...
Du sagst doch selbst, dass ...
... wäre eine prima Gelegenheit ...
Also gut, ich werde es mir überlegen.

AB

__1__ **Auf welches Thema beziehen sich folgende Aussagen?**
Was ist Ihre Meinung zu dem Thema?

Beruf ohne Kinder, würde ich sagen. Wenn man wirklich Karriere machen will, lässt sich das mit Kindern nicht vereinbaren.

Beruf und Kinder, ich denke, man kann beides verwirklichen. Ich möchte eigentlich auf keins von beiden verzichten.

__2__ **Lesen Sie das Interview aus einer Frauenzeitschrift.**
Ordnen Sie die Fragen **a** bis **g** den leeren Zeilen **1** bis **7** zu.

Fragen der Zeitschrift BRIGITTE	Antworten
a Wann kann eine Frau absehen, ob sie ein Leben lang berufstätig sein möchte?	
b Und wenn Frauen beides möchten, berufstätig sein, aber auch Familie haben?	
c Welche Form der Lebensplanung ist also die beste?	
d Reicht das Geld denn bei den meisten Familien, wenn der Mann Alleinverdiener ist?	
e Wie kann eine Frau ihre Chance im Beruf genauso wahrnehmen wie die Männer?	
f Frauen haben alle Chancen, selbst über ihr Leben zu entscheiden. Warum sagen so viele: Ich weiß gar nicht, was ich will?	1
g Und was würden Sie einer jungen Frau raten?	

BRIGITTE
Berufsseminar

Lebensziele – Lebensstile

Erst Kinder, dann Beruf. Erst Beruf, dann Kinder.
Kinder und Beruf. Beruf ohne Kinder: Frauen haben die Wahl.
Wie sie am besten davon profitieren, fragten wir Doris Hartmann,
Leiterin des neuen BRIGITTE-Berufsseminars.

1 *BRIGITTE:* _____
DORIS HARTMANN: Ich bin groß geworden mit dem Gedanken: erst Beruf, dann Familie. Lebensläng-
5 lich. Ein klares Konzept. Wenn ich heute in meinen Seminaren frage: „Haben Sie vor, bis 60 berufstätig zu sein?", antworten mir viele Frauen: „Oh, das habe
10 ich mir noch gar nicht überlegt." Bei den Männern dagegen kommt sofort: „Haben Sie vielleicht noch 'ne andere Idee?" Deshalb sind die Männer im Beruf auch oft so ziel-
15 bewusst: Sie haben ja gar keine Alternative – zumindest keine, die gesellschaftlich akzeptiert ist. Anders die Frauen. Falls im Job was schief läuft, bleibt ihnen im-
20 mer noch ein Türchen offen: Da mach ich jetzt eben auf Familie.

2 *BRIGITTE:* _____
Dann könnte ihr Lebenskonzept heißen: Beruf und Kinder. Frauen
25 mit dieser klaren Perspektive haben keine Probleme, für die Erziehung der Kinder eine Tages-mutter zu engagieren. Kritisch wird's nur bei denen, die sagen:
30 „Ich weiß noch nicht ... Ich schau mal ein bisschen. Mein Mann sagt, ich soll bei den Kindern bleiben, aber ich würde gern auch arbei-ten." Sie steigen um vom Beruf
35 zur Familie und wieder zum Beruf und sind oft schlechte Berufs-frauen und schlechte Familien-frauen.

3 *BRIGITTE:* _____
40 Ja, das ist bei den heutigen Lebenshaltungskosten gar nicht mehr so sicher. Außerdem die

Frage: Kann ich mich heute noch auf den Mann als Versorger fürs
45 Leben verlassen? Und den klassi-schen Beruf „Familie" gibt es ja nicht mehr – bei ein bis zwei Kin-dern und einem vollautomati-sierten Haushalt. Familie ist ein
50 Job auf Zeit geworden. Deshalb sollte jede Frau in der Lage sein, für sich selbst Verantwortung zu übernehmen. Das Wichtigste ist, dass sie eine vernünftige Ausbil-
55 dung und eine möglichst gute berufliche Qualifikation hat. Dann kann sie sich immer noch überle-gen: Will ich überhaupt Kinder?

4 *BRIGITTE:* _____
60 Das kann sie tatsächlich frühes-tens nach fünf Jahren Berufspra-xis sagen, also etwa mit Mitte 20. Viele Ausbildungswege dauern

länger als früher, die Frauen sind oft erst mit 30 im Job richtig etabliert. Jetzt hätten sie die Chance, sich voll auf die Karriere zu konzentrieren. Aber zugleich verschärft sich massiv die Frage: Kinder – ja oder nein?

5 *BRIGITTE:* _____
Meiner Meinung nach darf sie die Entscheidung, wann sie ein Kind haben will, nicht dauernd vor sich herschieben. Früher waren Kinder einfach Pflicht, heute gehören sie, salopp gesagt, in eine Erlebniswelt. Man studiert, geht in den Beruf, findet den richtigen Mann, fliegt gemeinsam ein paar Reiseziele ab, kauft ein Haus, und nun wäre das Glück komplett, wenn jetzt auch noch ein Kind käme. Aber jetzt geht der Stress los, weil die Frau inzwischen 35 ist.

6 *BRIGITTE:* _____
Bezogen auf den Beruf hat jedes Modell seine Vor- und Nachteile. Wer in jungen Jahren Mutter wird, könnte sich ab 30, 35 voll auf die Karriere konzentrieren. Und das tun auch viele. Aber andere meinen dann: Ich habe gar nicht genug von meiner Jugend gehabt.

7 *BRIGITTE:* _____
Wenn sie beruflich genauso erfolgreich sein will wie die männliche Konkurrenz, muss sie ebenso zielstrebig vorgehen. Sie darf also nicht alles auf sich zukommen lassen. Wer sich nicht selbst bewegt, wird bewegt.

3 Ratschläge

a Welche Satzteile passen zusammen? Die Sätze sollen inhaltlich dem Interview entsprechen.

1 Frauen sollten auf keinen Fall	sich nach einigen Jahren Berufspraxis überlegen, ob sie Kinder wollen.
2 Junge Frauen sollten	ihre Karriere zielstrebig planen.
3 Manchmal ist es möglich,	mit Kindern im Job weiterzuarbeiten.
4 Frauen könnten	auf eine berufliche Qualifikation verzichten.
5 Ehrgeizige Frauen müssen	sich auch für Beruf und Kinder entscheiden.

b Welchen Ratschlägen können Sie zustimmen, welchen nicht? Warum?

GR 4 Modalverben
GR S.32/1

a Unterstreichen Sie alle Sätze im Text, die ein Modalverb enthalten.
b Lesen Sie die Rubrik *Bedeutung* im Kasten unten. Setzen Sie das passende Modalverb in die rechte Spalte.

Bedeutung	Modalverb
1 Man hat die Möglichkeit (Chance, Gelegenheit), etwas zu tun.	*können*
2 Man hat den Wunsch (den Plan, die Absicht, vor), etwas zu tun.	
3 Man bekommt eine Empfehlung (einen Rat), etwas zu tun.	
4 Man hat keine andere Möglichkeit (die Pflicht), etwas zu tun.	
5 Es ist (nicht) ratsam oder man hat (k)eine Erlaubnis, etwas zu tun.	
6 Ein anderer möchte, dass man etwas tut.	

AB

GR 5 Variation

Drücken Sie die farbig gedruckten Teile in den Sätzen mit Hilfe folgender Modalverben anders aus.
wollen – können – könnte(n) – sollte(n) – müssen
Beispiel: Frauen haben alle Chancen, selbst über ihr Leben zu entscheiden.
Frauen können selbst über ihr Leben entscheiden.

a Haben Sie vor, bis 60 berufstätig zu sein?
b Das Wichtigste ist, dass sie eine vernünftige Ausbildung und eine möglichst gute Qualifikation hat.
c Es ist das Beste, im Beruf möglichst das zu machen, woran man Freude hat.
d Wer in jungen Jahren Mutter wird, hätte die Möglichkeit, sich ab 30, 35 voll auf die Karriere zu konzentrieren.

AB

Sabine Kornblume muss verreisen

a) Familie Kornblume hat folgende Mitglieder: die Mutter Sabine K., den Vater Wolfgang K., die Kinder Anja (13), Lukas (9) und Martina (4) sowie Dackel Waldi. Sabine Kornblume bekam heute Morgen einen Anruf von ihrer Mutter, die 500 km entfernt lebt. Sie hat sich das linke Bein so verstaucht, dass sie nicht mehr laufen kann. Der Arzt hat ihr Bettruhe verordnet. Nun soll Sabine für ein paar Tage zu ihrer Mutter fahren und sie pflegen. Sie fährt schon los, bevor ihre Kinder von der Schule zurückkommen, und kann viele Dinge nicht erledigen, die sie geplant hatte. Ihr Mann kommt erst um 17 Uhr nach Hause.

b) Lesen Sie Sabines Terminkalender für Dienstag und Mittwoch.

DIENSTAG	12. 9.		MITTWOCH	13. 9.
☎	Reisebüro wegen Flugbestätigung leere Flaschen Container		10.00	Friseur zum Getränkemarkt:
14.00	Wolfgangs Anzug in der Reinigung fertig			Mineralwasser, Saft Videokassetten besorgen
15.30	Martina Kindergarten		14.00	Lukas zur Nachhilfestunde
17.30	Elektriker kommt: Steckdose kaputt		16.00-17.00	Martina Musikschule
19.30	Angelika zum Abendessen		18.00	Waldi zum Tierarzt
21.00	Gerd Geburtstag!		20.00	Elternabend - Schule
			22.00	Film „Columbus" aufnehmen/Video!!

c) Bevor sich Sabine Kornblume auf den Weg macht, schreibt sie an ihre Familienangehörigen noch einige Anweisungen auf kleine Zettel. Sie bittet einzelne Familienmitglieder, die wichtigsten Dinge, die in ihrem Kalender stehen, zu erledigen. Lesen Sie Frau Kornblumes Zettel und verfassen Sie die restlichen Anweisungen. Schreiben Sie detailliert auf, was jedes Familienmitglied machen soll.

Liebe Anja,
könntest du heute Nachmittag Papas Anzug aus der Reinigung holen? Und vergiss bitte nicht, Martina um halb vier vom Kindergarten abzuholen.
Danke, Mama

Lieber Lukas,
wenn du zum Fußballplatz gehst, kannst du gleich die leeren Flaschen zum Container bringen. Der liegt ja auf dem Weg.
Danke, Mama

SPRECHEN 3

1 Vornamen

a Sehen Sie sich die beliebtesten Vornamen im deutschsprachigen Raum an. Was fällt daran auf?

b Welche Namen gefallen Ihnen, welche eher nicht? Warum?

c Welche dieser Name gibt es auch in Ihrem Heimatland?

Mädchen		Jungen	
1. Lina	9. Lisa	1. Tim	9. Julian
2. Hanna/Hannah	10. Lara	2. Luca	10. Paul
3. Anna	11. Julia	3. Tom	11. Jan
4. Lea/Leah	12. Lilli/Lilly	4. Louis/Luis	12. Philip/Philipp
5. Marie	13. Emma	5. Jonas	13. Eric/Erik
6. Leonie	14. Amelie	6. Lucas/Lukas	14. Kevin
7. Sara/Sarah	15. Charlotte	7. Ben	15. Jannick/Yannik
8. Lena	16. Anika/Annika	8. Finn/Fynn	16. Malte

d Gibt es Ihren eigenen Vornamen häufig in Ihrer Heimat?

e Kennen Sie Herkunft und Bedeutung Ihres Vornamens? Suchen Sie im Internet oder in einem Vornamenlexikon nach Bedeutung und Herkunft einiger Vornamen aus Ihrer Klasse.

Beispiel: LEONIE

Der Name Leonie tauchte in Deutschland Anfang der 1980er Jahre in den Vornamen-Hitparaden auf. Inzwischen ist Leonie auf die ersten Plätze gestürmt.
Der Name ist eine weibliche Variante des männlichen Vornamens Leon.
Variante: Leoni. Bedeutung: Löwe. Herkunft: griechisch und lateinisch.

2 Wer trägt welchen Familiennamen?

a Hat der Familienname in Ihrer Sprache eine Bedeutung? Wenn ja, welche?

b Von wem bekommt man in Ihrer Heimat den Familiennamen? Vom Vater, von der Mutter? Von beiden Eltern?

3 Welche Variante gefällt Ihnen am besten?

Führen Sie eine kleine Debatte.

In Deutschland kann ein Ehepaar unter den folgenden Möglichkeiten wählen.

Charlotte Freund und **Tom Singer** heiraten. Sie könnten nun so heißen:	Die Kinder heißen:
1. *Charlotte Singer* und *Tom Singer*	*Singer*
2. *Charlotte Freund* und *Tom Freund*	*Freund*
3. *Charlotte Freund-Singer* oder *Singer-Freund* und *Tom Singer*	*Singer*
4. *Charlotte Freund* und *Tom Freund-Singer* oder *Singer-Freund*	*Freund*
5. *Charlotte Freund* und *Tom Singer*	*Freund* oder *Singer*

Gefallen/Missfallen äußern	**einer Äußerung zustimmen**	**etwas ablehnen/ Gegenargumente anführen**
Also, ich finde die Variante ... am besten. Da weiß man gleich, wer ...	*Da bin ich ganz deiner Meinung. Man muss schließlich ...*	*Aber das ist doch sehr unpraktisch.*
Mir gefällt die Regelung ... Endlich mal ein Fortschritt für die Frauen.	*Stimmt, die Variante ist gar nicht schlecht. Schade, dass es das in meiner Heimat nicht gibt.*	*Stell dir doch mal vor, ... Da kann ich dir gar nicht zustimmen. Es ist doch unmöglich, wenn ...*
Wenn ich in Deutschland heiraten würde, würde ich mich für ... entscheiden. ...	*Da hast du eigentlich Recht. Es ist doch am besten, wenn man ...*	*Also, ich finde das sehr unpassend für eine Familie. ...*

AB

Staatliche
Hilfen
für
Familien.

Wann?
Wo?
Wie?

Stand: 1.1.2005

__1__   Was kann der Staat Ihrer Meinung nach tun, um Familien
bei der Erziehung der Kinder zu helfen?
Sprechen Sie in Gruppen darüber.
Sammeln Sie anschließend die Ergebnisse in der Klasse.

__2__   Staatliche Hilfen für Familien
Unter diesem Titel gab das Bundesfamilienministerium
eine Broschüre heraus.
Was erwarten Sie in einer solchen Broschüre?

☐ Regeln dafür, wie Familien sich in der Politik verhalten sollen
☐ eine Hilfe für Politiker, die sich für Familien einsetzen wollen
☐ Informationen für Familien zu den wichtigsten Hilfen des Staates

__3__   Zuordnung
Lesen Sie die Zusammenfassungen zu den Texten 1 bis 7. Lesen Sie
anschließend die Texte A bis D. Was passt zusammen?
Für welche Zusammenfassungen gibt es keinen passenden Text?

Zusammenfassung	1	2	3	4	5	6	7
Text	C						

1 Will ein Ehepaar oder eine Einzelperson ein Kind annehmen, müssen gewisse Voraussetzungen erfüllt werden.

2 Wer für die Erziehung seines Kindes zu Hause bleibt, kann bis zum zweiten Geburtstag des Kindes finanzielle Unterstützung vom Staat erhalten. Die Höhe richtet sich nach dem Familieneinkommen.

3 Hat eine werdende Mutter ein Arbeitsverhältnis, so muss sie sechs Wochen vor und acht Wochen nach der Geburt nicht arbeiten, erhält aber in dieser Zeit so viel Geld wie ihr letztes Nettogehalt.

4 Nach der Geburt eines Kindes kann auch ein berufstätiger Elternteil zur Betreuung des Kindes maximal drei Jahre zu Hause bleiben. Der Arbeitsplatz bleibt dabei erhalten.

5 Eltern erhalten unabhängig von ihrem Einkommen für jedes Kind bis zum Ende der Ausbildung (maximal bis zum 27. Lebensjahr) Kindergeld.

6 Ab drei Jahren können Kinder einen Kindergarten besuchen, jüngere Kinder können in einer Krippe untergebracht werden.

7 Wird ein Kind berufstätiger Eltern krank, so kann jeder Elternteil bis zu zehn Tage pro Jahr zur Pflege des kranken Kindes zu Hause bleiben und erhält von der Krankenkasse Krankengeld.

A   ELTERNZEIT

● Arbeitnehmerinnen und Arbeitnehmer, die ihr Kind selbst betreuen und erziehen, haben bis zum Ende des 3. Lebensjahres des Kindes Anspruch auf Elternzeit (früher: Erziehungsurlaub).

● Während der Elternzeit darf der Arbeitgeber dem Elternteil, der das Kind betreut, nicht kündigen. Jeder Elternteil kann seine Elternzeit in bis zu zwei Abschnitte aufteilen. Mit Zustimmung des Arbeitgebers kann eine Aufteilung in weitere Abschnitte erfolgen.

● Erstmals können Väter und Mütter bei unveränderter Dauer der Elternzeit von 3 Jahren gleichzeitig Elternzeit nehmen. Beide Eltern können ihre Arbeitszeit verringern.

● In der Praxis nehmen rund 98 % der Frauen Elternzeit. Männer tun sich noch schwer, diese Zeit als Chance für ein intensives Zusammenleben mit ihren Kindern zu nutzen.

B   KINDERGELD

● Grundsätzlich kann Kindergeld erhalten, wer in Deutschland einen Wohnsitz hat oder im Ausland wohnt, aber in Deutschland einkommensteuerpflichtig ist.

● Man erhält Kindergeld für eheliche, nicht eheliche und adoptierte Kinder sowie für Kinder des Ehegatten und Enkelkinder, die im Haushalt des Antragstellers leben, und für Pflegekinder.

● Normalerweise wird Kindergeld nur für Kinder bis zum 18. Lebensjahr gezahlt, es kann aber bis zur Vollendung des 27. Lebensjahres Kindergeld weiter gezahlt werden, solange das Kind sich in der Schul-, Berufsausbildung oder dem Studium befindet.

● Kindergeld wird monatlich in folgender Höhe gezahlt: 154 Euro jeweils für das erste bis dritte Kind, 179 Euro für jedes weitere Kind.

C ADOPTION

- Es gibt erheblich mehr Ehepaare, die es sich wünschen, Kinder zu adoptieren, als Kinder, die auf eine Adoption warten.

- Wer ein Kind allein annehmen will, muss grundsätzlich mindestens 25 Jahre alt sein. Bei einem Ehepaar genügt es, wenn nur einer der Ehegatten 25 Jahre alt ist, der andere muss aber wenigstens 21 Jahre alt sein.

- Darüber hinaus müssen Adoptiveltern körperlich und geistig gesund sein und dürfen sich nicht in finanziellen Schwierigkeiten befinden.

- Es gilt, zunächst einen Fragebogen auszufüllen und ein persönliches Beratungsgespräch zu führen.

- Mit der Adoption wird das Kind wie ein leibliches in die Adoptivfamilie eingegliedert.

D TAGESBETREUUNG VON KINDERN

- Für Eltern, die ihr Kind ganztags oder für einen Teil des Tages außerfamiliär betreuen lassen möchten, stehen zwei Einrichtungen zur Verfügung: Tageseinrichtungen und Tagespflege.

- Unter Tageseinrichtungen versteht man Krippen (für Kinder unter 3 Jahren), Kindergärten (für Kinder von 3 Jahren bis zum Schuleintritt) und Horte (für Schulkinder außerhalb des Unterrichts).

- Die Tagespflege ist insbesondere in den ersten Lebensjahren eine Alternative zur Betreuung in einer Tageseinrichtung. Meist kümmert sich eine so genannte Tagesmutter im eigenen Haushalt um das Kind. Häufig haben Tagesmütter (oder -väter) eigene Kinder und nehmen weitere Kinder in Pflege.

- Wer eine Tagesmutter sucht, kann sich an das Jugendamt oder an einen Tagesmütterverein wenden.

`AB`

4 Was halten Sie von diesen Regelungen?

a Welche dieser Regelungen finden Sie besonders sinnvoll? Gibt es auch eine, die Ihnen weniger gefällt? Begründen Sie Ihre Meinung.

b Wie sehen die Hilfen und Regelungen für Familien in Ihrer Heimat aus?

GR 5 Reflexive Verben

GR S. 32/2

a Unterstreichen Sie in den Texten A bis D alle Verben mit dem Reflexivpronomen *sich*.

b Welche Reflexivpronomen stehen im Akkusativ, welche im Dativ? Ordnen Sie zu.

Reflexives Verb + Pronomen im Akkusativ	Reflexives Verb + Pronomen im Dativ
ich entscheide mich	*ich wünsche mir*

c Bilden Sie zu diesen Verben Beispielsätze, möglichst in der 1. oder 2. Person Singular.
Beispiele: *Ich muss mich bald entscheiden, ob ich halbtags oder ganztags arbeiten will.*
Ich wünsche mir einen Hund.

`AB`

GR 6 Reflexiv oder reziprok?

Bei welchen der genannten Verben kann man das Reflexivpronomen durch *einander* ersetzen? Bilden Sie, wo möglich, Formen mit dem reziproken Pronomen *einander*.

Form mit Reflexivpronomen	Form mit *einander*
1 Wir kennen uns schon fünf Jahre.	*Wir kennen einander schon fünf Jahre.*
2 Sie teilen sich die Hausarbeit auf.	
3 Ihr habt euch seit Tagen nicht mehr gesehen.	
4 Sie lieben sich seit vielen Jahren.	
5 Wir fragen uns, wann wir das Problem lösen.	
6 Ihr kümmert euch um eure Kinder.	

`AB`

ÜG S. 94 ff.

1 Modalverben

a Formen

Person	Präsens Endung	Präteritum Endung	Perfekt als Vollverb	als Modalverb
ich	will	wollte	habe gewollt	habe kommen wollen
du	darfst	durftest	hast gedurft	hast rauchen dürfen
er/sie/es	kann	konnte	hat gekonnt	hat spielen können
wir	sollen	sollten	*	haben erzählen sollen
ihr	müsst	musstet	habt gemusst	habt aufhören müssen
sie/Sie	mögen	mochten	haben gemocht	haben losfahren mögen

* Diese Form existiert nicht.

b Grundbedeutung der Modalverben

Modalverb	Beispiel	Bedeutung
können	*Ich kann schwimmen.* *Können wir uns treffen?* *Du kannst den Kuchen essen.*	Fähigkeit Möglichkeit Erlaubnis
dürfen nicht dürfen	*Ich darf in die Disko gehen.* *Hier darf man nicht rauchen.* *Du darfst nicht alles glauben.*	Erlaubnis Verbot Empfehlung/Rat
wollen	*Er will, dass sie zu Hause bleibt.* *Sie wollen ein Haus kaufen.*	Wunsch/Absicht
mögen möchte(n) (Konj. II)	*Ich mag schnelle Autos.* *Er mag sie sehr.* *Sie möchten endlich Urlaub machen.*	Gefallen/Zuneigung Wunsch/Absicht
müssen	*Du musst endlich eine Entscheidung treffen.* *Im Auto muss man sich anschnallen.*	Notwendigkeit Pflicht/Gebot
sollen sollte(n) (Konj. II)	*Herr Huber, Sie sollen Ihre Frau anrufen.* *Du solltest nicht so viel rauchen!*	indirekte Bitte/Aufforderung Empfehlung/Rat

ÜG S. 92

2 Reflexive Verben

a Formen der Reflexivpronomen

Person	Reflexivpronomen im Akkusativ	Reflexivpronomen im Dativ
ich	wasche mich	wasche mir die Hände
du	wäschst dich	wäschst dir die Hände
er/sie/es	wäscht sich	wäscht sich die Hände
wir	waschen uns	waschen uns die Hände
ihr	wascht euch	wascht euch die Hände
sie/Sie	waschen sich	waschen sich die Hände

b Reinreflexive, teilreflexive und reziproke Verben

reinreflexiv: *sich beeilen, sich wundern, sich erholen* usw. Diese Verben müssen mit einem Reflexivpronomen stehen. *Bitte beeil dich, wir müssen in 20 Minuten am Bahnhof sein.*

teilreflexiv: *(sich) waschen, (sich) kämmen, (sich) setzen* usw. Diese Verben kann man mit oder ohne Reflexivpronomen verwenden. *Die Friseuse kämmt die Kundin. Du kämmst dich.*

reziprok: *sich kennen, sich lieben, sich verstehen* usw. Hier bezeichnet man eine gegenseitige Beziehung. Man verwendet den Ausdruck meist im Plural. *Wir kennen uns schon lange. = Wir kennen einander schon lange.*

3

__1__   **Welches Fest wird hier wohl gefeiert?**
Woran erkennen Sie das?

__2__   **Was machen Sie selbst zu diesem Anlass?**
Sprechen Sie in kleinen Gruppen darüber und
berichten Sie dann in der Klasse.

__3__   **Geschenke**
Sprechen Sie zu zweit über die folgenden Fragen.

ⓐ Zu welchem Anlass bekommt man in Ihrem
Heimatland Geschenke?

ⓑ Was war das schönste Geschenk, das Sie je
bekommen haben?

ⓒ Was war das scheußlichste Geschenk, das Sie
je bekommen haben?

HÖREN 1

<u> 1 </u> Hören Sie den Anfang eines Gesprächs.

Wer spricht hier? Ergänzen Sie die Angaben zu den Personen.

Alter   33

Beruf   ....

wohnt in   ....

Frau Störli   *Herr Sperling*   *Herr Ruf*   *Frau Weber*

<u> 2 </u> Was denken Sie? Wer von diesen Personen feiert gern, wer nicht?

	Frau Störli	Herr Sperling	Herr Ruf	Frau Weber
Wer feiert gern und viel?				
Wer hasst Feste aller Art?				
Wer mag originelle Partys?				
Wer liebt Familienfeste?				

<u> 3 </u> Hören Sie nun den zweiten Teil des Gesprächs in Abschnitten.

Abschnitt 1 **(a)** Wer beschreibt welches Fest?

    Geburtstagsfest – Überraschungsparty – Party mit Rollenspiel – Gartenfest –
    Familienfeier – Abschlussball – Jubiläum

Frau Störli spricht über ein(e) . . . .

Herr Sperling spricht über ein(e) . . . .

Herr Ruf spricht über ein(e) . . . .

Frau Weber spricht über ein(e) . . . .

Abschnitt 2 **(b)** Welche der folgenden Aussagen sind richtig, welche falsch?

	richtig	falsch
Herr Sperling freut sich über die Geburtstagsgeschenke seiner Familie.	☐	☐
Frau Weber feiert Weihnachten mit ihren Eltern und ihrem Bruder.	☐	☐
Herr Ruf kritisiert das Weihnachtsfest. Ihn stört die „falsche" Harmonie.	☐	☐
Frau Störli findet, dass Kinder nicht so viele Geschenke bekommen sollten.	☐	☐

Abschnitt 3 **(c)** Antworten Sie frei.

Was soll man auf der Party von Herrn Ruf <u>nicht</u> tun?
Was möchte Frau Störli in puncto Essen gern tun?
Wo würde Frau Weber gern feiern?

<u> 4 </u> Welche Ihrer Vermutungen (Aufgabe 2) waren richtig?   `AB`

<u> 5 </u> Gespräch im Kurs: Was halten Sie von Familienfeiern?   `AB`

1 **Welche deutschen Feste kennen Sie?**
Berichten Sie kurz in der Klasse.

2 **Feste im Lauf eines Jahres**
Ordnen Sie die folgenden Feste den Jahreszeiten bzw. Monaten zu.
Nikolaus – Ostern – Dreikönigstag – Neujahr – Pfingsten –
Weihnachten – Karneval – Advent – Silvester

WINTER		FRÜHLING			SOMMER				HERBST			WINT
Januar	Februar	März	April	Mai	Juni	Juli	August	September	Oktober	November	Dezember	
											Nikolaus (6. 12.)	

AB

3 **Zuordnung**

ⓐ Welches Bild passt zu welchem Begriff?

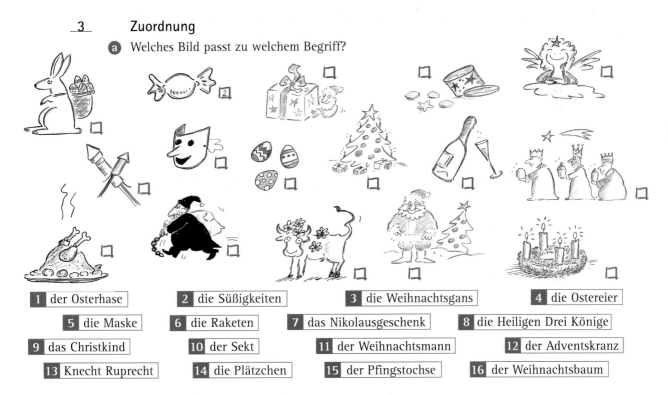

1 der Osterhase	2 die Süßigkeiten	3 die Weihnachtsgans	4 die Ostereier
5 die Maske	6 die Raketen	7 das Nikolausgeschenk	8 die Heiligen Drei Könige
9 das Christkind	10 der Sekt	11 der Weihnachtsmann	12 der Adventskranz
13 Knecht Ruprecht	14 die Plätzchen	15 der Pfingstochse	16 der Weihnachtsbaum

ⓑ Ordnen Sie die Begriffe den Festtagen zu.

Karneval	Dreikönigstag	Ostern	Pfingsten	Advent	Nikolaus	Weihnachten	Silvester
		Osterhase		*Plätzchen*			

ⓒ Ordnen Sie die folgenden Aktivitäten ebenfalls in die Tabelle oben ein.
Manche Aktivitäten passen mehrmals.

jeden Sonntag eine Kerze anzünden – sich verkleiden – mit der Familie
feiern – spät ins Bett gehen – das Zimmer schmücken – Blei gießen –
viel essen – mit Freunden feiern – Lieder singen

ⓓ Vergleichen und diskutieren Sie Ihre Lösungen.

4 **Welche dieser Feste und Bräuche gibt es auch in
Ihrem Heimatland?**

___1___ **Lesen Sie die Überschriften der Zeitungsmeldungen und sehen Sie sich das Foto an.**

ⓐ Zu welchem Text könnte das Foto gehören?
ⓑ Um welche Feste geht es hier? Was wissen Sie über diese Feste?
ⓒ Bilden Sie kleine Gruppen und stellen Sie Vermutungen darüber an, worum es in den Meldungen geht. Berichten Sie anschließend in der Klasse.

___2___ **Lesen Sie nun die Zeitungsmeldungen.**

ⓐ Unterstreichen Sie die Hauptinformationen.

Ⓐ Nikoläuse in Bad Tölz

Zum Jahrestreffen des Allgemeinen Deutschen Nikolausbundes (ADN) werden diese Woche mehr als tausend Teilnehmer im oberbayerischen
5 Bad Tölz erwartet. Hauptthema ist heuer die wachsende Gewaltbereit-schaft bei Kindern und Jugendlichen. ADN-Vorsitzender Rüdiger von Braun: „Letztes Jahr wurden einige Nikoläuse
10 von enttäuschten Kindern kranken-hausreif geschlagen. Deshalb haben wir beschlossen, Selbstverteidigungs-kurse für unsere Mitglieder anzubie-ten." Eine zusätzliche psychologische
15 Schulung soll den Kursteilnehmern helfen, Konflikte zu entschärfen, be-vor es zu Schlägereien kommt.

Ⓑ Verwirrende Sonnwendfeuer

Mitten im Pilsensee landete in der gestrigen Nacht ein Hubschrauber. Der Pilot hatte drei Sonnwendfeuer an den Ufern des Gewässers mit Landesignalen verwechselt. Er bemerkte seinen Irrtum erst, als es bereits zu spät war. Während das Fluggerät im Wasser versank, konnten sich die
5 beiden Passagiere ans Ufer retten. Dort wurden sie von den Teilnehmern der Sonnwendfeier mit trockener Wäsche und Freibier versorgt. Der Sachschaden beträgt mindestens 100 000 Euro.

Ⓒ Vogelfreundliche Knaller

Tiere, vor allem Vögel, sind die Hauptleidtragenden der jährlichen Silvesterknallerei. Dagegen wollen der Vogelschutzbund Deutschlands
5 (VSD) und die Firma Böllernit KG nun gemeinsam in die Offensive gehen. Auf einer Pressekonferenz in Baden-Baden stellten sie ein tierfreundliches Silvesterfeuerwerk vor. Es handelt sich
10 dabei um extrem leise Knaller und Raketen, die ihre Farbenpracht nicht entfalten, während sie fliegen, son-dern erst nachdem sie wieder auf dem Boden aufgeschlagen sind.

Ⓓ TIERISCHE OSTERN

Immer wenn das Osterfest naht, verstecken Mitarbeiter des Münch-ner Tierparks Hellabrunn tausen-de süße Überraschungen auf dem
5 großen Freigelände des Zoos. An den Osterfeiertagen können auf-merksame junge Tierfreunde also auch dieses Jahr wieder allerlei kleine Geschenke finden. Die
10 Direktion weist jedoch ausdrück-lich darauf hin, dass nur in den frei zugänglichen Grünanlagen gesucht werden darf, keinesfalls in den Tiergehegen.

Ⓔ Weihnachts„feuer"tage

Über mangelnde Beschäftigung während der Weihnachts-feiertage konnte sich die städtische Berufsfeuerwehr dieses Jahr wahrhaftig nicht beklagen. Mehr als dreihundert Einsätze im gesamten Münchner Stadtgebiet hielten Ober-
5 branddirektor Wanninger und seine Mitarbeiter rund um die Uhr in Atem. In den meisten Fällen konnten sie das Feuer schnell unter Kontrolle bringen. Zwei Einfamilienhäuser und mehrere Etagenwohnungen brannten jedoch vollständig aus. Die Hauptursache für die wachsende Zahl von Christ-
10 baumbränden sieht Wanninger in der Nostalgiewelle: „Seit der Trend zurück zur Wachskerze geht, brennt es natürlich wieder öfter."

b Ergänzen Sie die Hauptinformationen im Kasten.

Meldung	Wer?	Wo?	Wann?	Was?	Warum?
A	Nikoläuse	Bad Tölz	?		
B					
C					
D					
E					

`AB`

___3___ **Welche Meldungen sind Ihrer Meinung nach wahr, welche nicht?**
Begründen Sie Ihre Wahl.

> *Die Meldung über ... ist sicherlich richtig.*
> *Die Meldung über ... könnte wahr sein.*

> *Die Meldung über ... kann einfach nicht stimmen, weil ...*
> *Es ist völlig unrealistisch, dass ...*
> *..., das gibt es nie und nimmer.*

Wenn Sie wissen wollen, welche Meldungen wirklich wahr sind, lesen Sie im Arbeitsbuch nach.

`AB`

GR ___4___ **Temporalsätze**   GR S. 44/1

a Markieren Sie im Text alle Nebensätze mit einem temporalen Konnektor.
b Ordnen Sie die Konnektoren in die Übersicht ein.

Handlung in Haupt- und Nebensatz	gleichzeitig
	nicht gleichzeitig ... Konflikte zu entschärfen, bevor es zu schlägereien kommt.

GR ___5___ **Klären Sie die Funktion der Konnektoren *als* und *wenn*.**

a Was wird im folgenden Satz mit *als* ausgedrückt?
„Deshalb bemerkte der Pilot seinen Irrtum erst, als es zu spät war."

☐ eine einmalige Handlung in der Vergangenheit
☐ eine wiederholte Handlung in der Vergangenheit

b Was wird im folgenden Satz mit *wenn* ausgedrückt?
„Immer wenn das Osterfest naht, verstecken Mitarbeiter Überraschungen."

☐ eine wiederholte Handlung in der Gegenwart
☐ eine einmalige Handlung in der Gegenwart

c Setzen Sie Satz **b** in die Vergangenheit: Immer _____ das Osterfest nahte, ...

GR ___6___ **Regel zu den Konnektoren *als* und *wenn***
Ergänzen Sie das Regelschema. Nehmen Sie die Beispiele aus
Aufgabe 5 zu Hilfe.

	Vergangenheit	Gegenwart/Zukunft
einmalige Handlung		*wenn*
wiederholte Handlung	(immer)	(immer)

`AB`

GR ___7___ **Die Konnektoren *bevor, nachdem, während* und *seit(dem)***
Sehen Sie sich noch einmal die Sätze mit den Konnektoren *bevor, nachdem*
während und *seit(dem)* an. Welcher Konnektor drückt aus, dass

■ die Handlung im Hauptsatz zeitlich vor der Handlung im Nebensatz stattfindet?
■ im Nebensatz der Beginn einer Zeitspanne ausgedrückt wird?
■ die Handlungen in Haupt- und Nebensatz gleichzeitig stattfinden?
■ die Handlung im Hauptsatz zeitlich nach der Handlung im Nebensatz stattfindet? `AB`

SPRECHEN 1

1   Telefongespräche hören
Hören Sie zwei kurze Telefongespräche.

- (a) Worum geht es in den beiden Gesprächen?
- (b) Welches Telefongespräch findet zwischen
  - guten Freunden statt?
  - Geschäftsfreunden statt?
- (c) Woran haben Sie das erkannt?

2   Formelle Telefongespräche
Lesen Sie das Gespräch und erklären Sie die Situation.

- (a) Wer ruft wen an?
- (b) Was möchte die Anruferin?
- (c) Wird ihr Wunsch erfüllt?

3   Unterstreichen Sie die Schlüsselwörter.
Spielen Sie danach den Dialog zu zweit.

Eröffnen Sie das Gespräch mit einer Begrüßung.
Einen schönen guten Morgen.
Hier spricht Jürgen Bäumer.

Antworten Sie höflich.
Hallo, Herr Bäumer.
Schön, mal wieder von Ihnen zu hören.
Was kann ich für Sie tun?

Nennen Sie ihren Wunsch.
Sie haben unser Sommerfest letztes Jahr unterstützt.
Es wäre schön, wenn Sie das dieses Jahr wieder tun.

Reagieren Sie.
Leider sieht es dieses Jahr nicht so gut aus.

Zeigen Sie Verständnis.
Wir haben uns deshalb was Einfacheres vorgestellt.
Wir wollen im Garten grillen.

Fragen Sie nach.
Ja, das ist mal was anderes und nicht so teuer wie ein Büfett.
Und was können wir da beitragen?

Nennen Sie Einzelheiten.
Wir dachten, Sie könnten uns vielleicht die Getränke sponsern.

Stellen Sie weitere Fragen.
Wie viel wäre das dann?

Erklären Sie.
Letztes Jahr haben wir 500 Euro für Getränke ausgegeben.

Sagen Sie vorsichtig zu.
Ich denke, das lässt sich machen.

Nennen Sie noch einen Vorteil.
Ach, Herr Schneider, das wäre wirklich schön.
Natürlich werden wir Ihre Firma auf unserer Einladungskarte nennen.

Beenden Sie das Gespräch.
Machen wir es doch einfach so:
Sie schicken mir eine Mail mit den Daten und ich melde mich innerhalb einer Woche bei Ihnen.

Verabschieden Sie sich.
Ja, ganz herzlichen Dank für heute und bis bald.

AB

4   Variieren Sie den Dialog.
Beispiel: Es geht um eine Hilfsaktion, für die Sie Geld sammeln.

SCHREIBEN

<u>1</u>   Lesen Sie die folgenden Einladungen.

(a) Um was für eine Art von Festen oder Feiern handelt es sich?

1

Wir haben beschlossen,
unseren weiteren Lebensweg zusammen zu gehen.
*Unsere Trauung findet **am Donnerstag, den 21. September 20. .***
***um 11.30 Uhr** auf dem Standesamt am Mariahilfplatz 9 statt.*
Dazu und zu der anschließenden Feier
im Hotel „Bayerischer Hof" laden wir

―――――――――――――――――――

herzlichst ein.

*München, **im August 20. .***
Renate Schneider und Harald Gerstenberg

U. A. w. g.

U. A. w. g. = Um Antwort wird gebeten.

2

Das Jahr neigt sich dem Ende zu und wieder mal beginnen sich alle Singles voller Sorge zu fragen: „Was mache ich bloß **an Silvester?**"
Hier ist auch schon die Antwort: Kommt zu unserer privaten

SINGLE-SILVESTER-PARTY

und bringt so viele Singles mit, wie ihr wollt!
Wann? Am 31.12. ab 21 Uhr
Wo? In der *Wunderbar*.
Für Snacks und Getränke ist gesorgt.

Live-Musik mit den „ROTEN HOSEN"

Wir freuen uns auf euch und auf ein schönes Fest!
Eure Andrea, Sabine, Holger und Carsten

3

Keiner glaubt's, doch es ist leider trotzdem wahr:
Euer Klaus wird 30!
So schnell wird man heutzutage zum Greis!
Das muss beweint werden!
Kommt alle und jammert mit!
Die Trauerfeierlichkeiten beginnen **am 30. Mai gegen 20 Uhr** (bei mir zu Hause).
Damit es nicht allzu trist wird, ist für Essen, Trinken und Tanzen gesorgt.
Ihr braucht also nichts mitzubringen (außer den wertvollen Geschenken natürlich!).

Liebe/r_____,
ruf mich doch bitte an, damit ich weiß, ob du auch zum Trösten kommst.

Notieren Sie die wichtigsten Informationen in Stichworten.

	Wo?	Wann?	Wie?
Einladung 1			
Einladung 2			
Einladung 3	*bei Klaus zu Hause*		

<u>GR 2</u>   Temporale Präpositionen   GR S. 44/2

(a) Unterstreichen Sie in den Texten alle temporalen Präpositionen.
(b) Bilden Sie zu jeder Präposition einen neuen Beispielsatz.   `AB`

<u>3</u>   Schreiben Sie nun selbst eine Einladung.
Die Ausdrücke und Sätze auf den Einladungskarten können Ihnen helfen.

Wählen Sie einen Anlass (formell oder informell).
Informieren Sie Ihre Gäste darüber,
■ wo ■ wann (Datum, Uhrzeit) ■ wie
gefeiert werden soll.

Bitten Sie auch um eine Antwort.   `AB`

Riesenrad

1 **Sehen Sie sich das Bild an.**

a Kennen Sie dieses Fest? Was wissen Sie bereits darüber?

b Was würden Sie gern noch dazu erfahren?
Sammeln Sie Fragen.

2 **Hören Sie nun eine Reportage zum Thema Oktoberfest in München.**
Lesen Sie sich vor dem Hören die Aufgaben durch.

a Zu welchen Themen erfahren Sie etwas? Kreuzen Sie beim Hören oder danach an.

☑ Attraktionen auf dem Oktoberfest   ☐ Namen der Veranstalter
☑ Zeitpunkt und Dauer des Festes   ☑ Größe der Bierzelte
☑ Herkunftsländer der Touristen   ☑ Atmosphäre im Bierzelt
☐ Platzreservierungen im Bierzelt   ☑ Vorlieben der Wiesn-Besucher
☑ Interessen der jungen Besucher   ☑ Grund für das Oktoberfest

b Welche Personen werden interviewt?

1. *eine junge Frau* 2. *ein Münchner* 3. *ein Kind*

3 **Hören Sie die Reportage nun noch einmal in drei Abschnitten.**
Beantworten Sie nach jedem Abschnitt die dazugehörigen Fragen in Stichworten.

Abschnitt 1

Betrunkene Menschen, Viele Maßen

a Welches Bild hat man im Ausland vom Oktoberfest oder „beer-festival"?

b Warum kommt die Touristin immer wieder gern zur Wiesn? *Gutes Bier, Essen, Guten Gespräch*

Abschnitt 2

10m /Turnhalle Gross wie Kathedral) Musik, Tanzen

c Größe und Anzahl der Bierzelte? *Essen*

d Was machen die Wiesn-Gäste vor allem im Bierzelt?

e Wo sitzt der zweite Interview-Partner und woher
stammt er? *in Bierzelt*

f Was gefällt ihm auf dem Oktoberfest gut?

g Was weniger gut? *Die Preise*

Abschnitt 3

h Was macht das befragte Kind am liebsten auf der
Wiesn? *Kätchenkarosel – Die Achtenbahnen*

i Woher hat die Theresienwiese ihren Namen?

von der Frau Theresie.

j Das Fest hat also auch mit ..... *Liebe* .....zu tun und
viele Besucher kaufen dort Lebkuchen ..... *Herz* .....

AB

__1__ **Halten Sie ein Referat über ein Fest in Ihrem Heimatland.**

(a) Wählen Sie ein Fest aus, das Sie selbst besonders gern mögen oder das Sie besonders interessant finden.

(b) Notieren Sie sich Stichworte zu folgenden Punkten.
- Zu welchem Anlass findet das Fest statt?
- Wann und wo findet das Fest statt?
- Wer ist dabei?
- Was wird gemacht?
- Wie wird das Fest vorbereitet?
- Was wird gegessen und getrunken?
- Wie feiern Sie dieses Fest und wie gefällt es Ihnen?
- Was finden Sie besonders interessant?
- Eine besondere Begebenheit, die Sie bei dem Fest erlebt haben
- Stellenwert dieses Festes in Ihrem Heimatland

(c) Ordnen Sie Ihre Stichworte den Gliederungspunkten zu.

Einleitung	Hauptteil	Schluss

__2__ **„Inszenieren" Sie Ihr Referat.**

Ein Referat wird immer dann interessant, wenn die Zuhörer auch etwas sehen, hören, schmecken oder fühlen können. Überlegen Sie sich, wie Sie Ihr Referat gestalten können. Beispiele: Bilder (Fotos, Dias), Landkarte mitbringen, an die Tafel zeichnen, typische Musik vorspielen, etwas vortanzen oder -singen, etwas Typisches zu essen oder zu trinken mitbringen. Sprechen Sie Ihre Pläne mit der Kursleiterin/dem Kursleiter ab.

__3__ **Sprachliche Vorbereitung**

Überlegen Sie sich, wie Sie Ihre Ideen formulieren wollen. Notieren Sie sich Redewendungen und Wörter. Die folgenden Redewendungen für Einleitung und Schluss können Ihnen helfen.

Einleitung
Ich möchte heute/nun über ... berichten.
In meinem Referat/Vortrag geht es um ...
Ich werde euch/Ihnen nun etwas über ... erzählen.

Schluss
Ich kann euch/Ihnen empfehlen, dieses Fest einmal selbst zu besuchen.
So, nun wisst ihr/wissen Sie ein wenig mehr über ... und ...
Ich hoffe, dieser kleine Bericht hat euch/Ihnen gefallen.
Habt ihr/Haben Sie noch Fragen?

__4__ **Halten Sie Ihr Referat vor der Klasse.**

Beachten Sie die folgenden Tipps.
- Entspannen Sie sich und sehen Sie Ihre Zuhörer an.
- Sprechen Sie frei. Lesen Sie nicht vor.
- Werden Sie nicht nervös, wenn Ihnen ein Wort nicht einfällt. Machen Sie eine kleine Pause und beginnen Sie den Satz neu.

AB

LESEN 2

1 Karneval – Fastnacht – Fasching

a Kennen Sie diese Begriffe? Erzählen Sie, was Sie darüber wissen.

b Lesen Sie nun drei Aussagen.

2 Ich habe den Fasching immer gehasst, schon von Kindheit an. Diese ganze zwanghafte Fröhlichkeit ist doch fürchterlich. Die Leute verkleiden sich und verwandeln sich innerhalb einer Minute in totale Idioten.
5 Man hat den Eindruck, irgendwie brauchen die das. Das ganze Jahr über ertragen sie die Gemeinheiten ihrer Kollegen oder Spannungen in der Familie und so. Als Ventil gibt's dann den Fasching, wo man für ein paar Tage aus der Rolle
10 fallen darf. Man lässt Dampf ab, damit man danach den Alltagstrott wieder besser ertragen kann. Ich bin lieber lustig, wenn ich mich wirk-
15 lich lustig fühle, und es ist mir völlig egal, ob das während des Faschings ist oder außerhalb.

1 In den letzten zwei, drei Jahrzehnten ist der Karneval zu einem oft ordinären Spektakel geworden. Es gibt nur noch wenige Feste, die wirklich Stil haben, wie zum Beispiel der Maskenball des städtischen Kulturvereins. Dort bin ich Jahr für Jahr jeden Rosenmontag, und 5 das schon seit Mitte der sechziger Jahre, also über 30 Jahre lang. Die Herren kommen im dunklen Anzug und die Damen im Abendkleid. Man trägt nur eine kleine Maske. Das Or- 10 chester spielt den ganzen Abend über Operettenmusik und Walzer. Es wird viel getanzt, geplaudert und natürlich Champagner getrun- 15 ken. Ein bisschen erinnert das an den Wiener Opernball.

3 Für mich ist Fasching die schönste Jahreszeit.
5 Da kann man wenigstens für ein paar Wochen mal völlig verrückt sein. Das geht vom elften November an langsam los, und in den letzten vierzehn Tagen bin ich dann so gut wie jeden Abend unterwegs. Je größer das Fest ist, desto besser. Alle sind locker und wollen Spaß haben. Und wenn auch
10 noch die richtige Musik dazukommt, mit viel Rhythmus und Power, dann geht die Post ab. Da ist alles möglich, und man kann die tollsten Bekanntschaften machen. Seit Jahren wünsche ich mir, mal zum Karneval nach Rio zu fahren. Aber leider macht mein Geldbeutel nicht mit.

c Wie beurteilen die Leute den Karneval?

	negativ	neutral	positiv	sehr positiv
Person 1				
Person 2				
Person 3				

d Welche Aussage finden Sie sympathisch? Mit welcher der drei Personen würden Sie gern einmal ausgehen? Warum?

GR 2 Temporale Präpositionen

GR S. 44/2

a Unterstreichen Sie alle Präpositionen in den Texten.

b Welche dieser Präpositionen werden temporal gebraucht? Machen Sie eine Liste und klären Sie die Bedeutung.

Präposition	Bedeutung
Jahr für Jahr	jedes Jahr wieder
seit Mitte der sechziger Jahre …	Mitte der sechziger Jahre hat es begonnen

AB

3 Wird in Ihrem Heimatland auch Karneval gefeiert?

Wenn ja, berichten Sie in der Klasse darüber.

LESEN 3

1 **Sehen Sie sich die Karikatur genau an.**

ⓐ Erfinden Sie zu zweit eine kleine Geschichte. Wer ist der Mann? Was hat er vor? Wie fühlt er sich?

ⓑ Erzählen Sie Ihre Geschichte in der Klasse.

2 **Lesen Sie einen literarischen Text zu diesem Bild.**
Lesen Sie genau und langsam. Unterstreichen Sie alle Wörter, die Sie nicht verstehen. Klären Sie diese Wörter gemeinsam in der Klasse oder schlagen Sie im Wörterbuch nach.

Bevorzugte sie Helden? Wer konnte das wissen? Aber Weinzierl musste es wissen, denn der erste Eindruck war entscheidend. Ja oder nein? Die Antwort würde sich schon nach einigen Sekunden in ihrem Gesicht abzeichnen. Sollte er sanft wirken oder rau? Meditativ oder expressiv? O Gott, war das schwer! Hatte sie Angst vor wilden Tieren oder Lust auf wilde Tiere, oder gar beides? War „Versicherungskaufmann" ein Vorteil oder ein Handicap? Hielt sie Glatzköpfe für potent oder verbraucht? Weinzierl schwitzte vor Angst. Hätte er die Anzeige doch niemals aufgegeben! Hätte er doch nicht auf ihren Brief geantwortet! Hätte er sich doch für heute Abend nicht verabredet! „Sie sollten in Herzensangelegenheiten zur Zeit keine Entscheidungen treffen!" Weinzierl glaubte nicht an Horoskope. Trotzdem war es sonderbar, dass dies gerade heute in der Zeitung stand. O Gott, schon kurz vor acht! Na los jetzt, es wird schon schief gehen!

3 **Textverständnis und -interpretation**

Frage	Antwort
ⓐ Wer ist „sie"?	
ⓑ Was ist Weinzierl von Beruf?	
ⓒ Was für eine Anzeige hat Weinzierl aufgegeben?	
ⓓ Wovor hat er Angst?	
ⓔ Wo könnte Weinzierl sich verabredet haben?	
ⓕ Was für ein Mensch ist Weinzierl?	
Was für einen Charakter hat er Ihrer Meinung nach?	

4 **Erzählen Sie die Geschichte weiter.**

- Wie verläuft das Treffen zwischen „ihr" und Weinzierl?
- Wie sieht die Zukunft der beiden aus?

1   Temporale Konnektoren

ÜG S. 162 ff.

a Handlung in Haupt- und Nebensatz gleichzeitig

als	*Ich habe mein erstes Auto bekommen, als ich 18 Jahre alt war.*
wenn	*Wenn du aus dem Urlaub zurückkommst, machen wir eine Party.*
	Immer wenn er mich besuchte, brachte er mir Pralinen mit.
während	*Während du deine Hausaufgaben machst, gehe ich schnell einkaufen.*
seitdem	*Seitdem du uns nicht mehr besuchst, ist es richtig langweilig hier.*
bis	*Bis das Essen fertig ist, können wir ja noch ein bisschen spazieren gehen.*

b nicht gleichzeitig

bevor	*Bitte ruf mich doch an, bevor du zu der Party gehst.*
nachdem	*Nachdem er das Buch durchgearbeitet hatte, machte er die Prüfung.*
sobald	*Sobald du kommst, können wir auf das Fest gehen.*

2   Temporale Präpositionen

ÜG S. 68 ff.

a Präpositionen + Dativ

ab	*Ab dem elften November kann man Faschingsfeste besuchen.*
aus	*Dieses Kostüm stammt aus dem 19. Jahrhundert.*
bei	*Beim Essen hat sie mir von ihrem Geburtstagsfest erzählt.*
nach	*Nach Ostern fahren wir in die Türkei.*
seit	*Ich feiere meinen Geburtstag schon seit Jahren nicht mehr.*
vor	*Kurz vor Ostern kommt meine Cousine zu Besuch.*
von … bis	*Von Weihnachten bis Ostern habe ich wirklich zu viel zu tun.*
von … an	*Ich habe Fasching nie gemocht, schon von Kindheit an.*
zu	*Zu dieser Zeit ist er nie zu Hause.*

b Präpositionen + Akkusativ

bis	*Das Fest hat bis drei Uhr morgens gedauert.*
für	*Er geht für drei Jahre zum Militär.*
gegen	*Ich komme wahrscheinlich so gegen 18 Uhr.* (ungefährer Zeitpunkt)
um	*Pünktlich um 19 Uhr wird bei uns gegessen.* (Uhrzeit)
	Mozart ist so um 1760 geboren. (ungefährer Zeitpunkt)

c Präpositionen + Genitiv

während	*Während der Weihnachtszeit kommt unsere ganze Familie zusammen.*
innerhalb	*Du musst das Formular innerhalb einer Woche abschicken.*
außerhalb	*Außerhalb der Karnevalszeit gibt es nur wenig Kostümfeste.*

d Wechselpräpositionen (auf die Frage *wann?* ⇒ Dativ)

am	*Ich habe am 18. Januar Geburtstag.* *Die Feier findet am Nachmittag statt.* *Ich mache am Sonntag ein Fest.*	Tag, Datum, Tageszeit, Feiertag
in	*In der letzten Nacht habe ich nicht gut geschlafen.* *Wir treffen uns leider erst in einer Woche.* *Im Februar sind normalerweise die meisten Karnevalsfeste.* *Mozart ist im 18. Jahrhundert geboren.*	Woche, Monat, Jahreszeit, Jahrhundert, längerer Zeitraum
vor	*Er hat mich vor drei Tagen eingeladen.*	
zwischen	*Zwischen dem dritten und dem sechsten Januar ist unser Geschäft geschlossen.*	
über	❶ *Ich bin mit ihr übers Wochenende weggefahren.* (Akkusativ)	

Sabrina W.

Von Kopf ...

Größe:	168 Zentimeter
Schuhgröße:	38
Schule:	Realschule
Klasse:	9
Liebstes Schulfach:	Geschichte
Lieblingssport:	Volleyball, Kampfsport
Leibgericht:	Schokoladeneis, Nudelgerichte – eigentlich fast alles
In der Freizeit mache ich am liebsten:	Musik hören, Fahrrad fahren, telefonieren
Und das mag ich überhaupt nicht:	Krieg, Drogen, nervende Eltern und Lehrer
Berufswunsch:	irgendein Beruf, der sich mit Geschichte befasst

... bis Fuß

__1__ Lesen Sie den „Steckbrief".
Ist Ihnen Sabrina sympathisch? Warum? Warum nicht?

__2__ Interviewspiel
Stellen Sie nun Ihrer Lernpartnerin/Ihrem Lernpartner fünf
Fragen nach dem Muster des „Steckbriefs". Notieren Sie die
Fragen und Antworten auf ein Kärtchen. Die Kärtchen wer-
den eingesammelt und in der Klasse vorgelesen. Die Klasse
rät, wer die Antworten auf den Kärtchen gegeben hat.

HÖREN 1

1 Sie hören eine Radiosendung in Abschnitten.
Wenn nötig, hören Sie die Abschnitte zweimal. Beantworten Sie
die Aufgaben nach jedem Abschnitt.

Abschnitt 1 ⓐ Wo finden die Interviews statt?
ⓑ Wann finden sie statt? (Jahreszeit? Tageszeit?)

Abschnitt 2 ⓒ Wie fühlt sich der Schüler? Warum?
ⓓ Wie geht es dagegen der Schülerin? Hat sie Angst?

Abschnitt 3 ⓔ Wie fühlt sich diese Schülerin? *Sehr gut/Gut/Schlecht/Sehr schlecht?*
ⓕ Was für eine Schule besucht sie? Kreuzen Sie an.
  ☐ eine Hauptschule ☐ eine Realschule ☐ ein Gymnasium

ⓖ Woran erkennen Sie das?
ⓗ Wie werden Leistungen in dieser Schule beurteilt? Kreuzen Sie an.
  ☐ mit Noten ☐ mit Punkten ☐ mit Worten

Abschnitt 4 ⓘ Wer wartet vor dem Schultor?
ⓙ Wie sind diese vier Schüler in der Schule? Kreuzen Sie an.

	gut	mittelmäßig	schlecht
Schüler 1	☐	☐	☐
Schüler 2	☐	☐	☐
Schüler 3	☐	☐	☐
Schüler 4	☐	☐	☐

ⓚ Welches Fach spielt hier eine wichtige Rolle?
ⓛ Was machen die Schülerinnen und Schüler noch an diesem Tag?
  ☐ baden gehen   ☐ eine Abschlussfeier in der Schule
  ☐ eine Party   ☐ in Urlaub fahren
  ☐ essen gehen   ☐ ins Kino gehen

2 Hören Sie jetzt ein Gespräch mit Sabrina.

ⓐ Wo findet das Gespräch statt?
ⓑ Worum dreht sich das Gespräch?

3 Lesen Sie den folgenden Text.
Unterstreichen Sie die wichtigsten Wörter.

Sabrina, eine zurückhaltende Schülerin, beteiligte sich zufrieden stellend
am Unterricht. Im zweiten Halbjahr zeigte sie einen Leistungsabfall.
Ihr Verhalten war recht erfreulich.

ⓐ Wo steht dieser Text wohl?
ⓑ Wer hat ihn geschrieben?
ⓒ Worum geht es in dem Text?
ⓓ Wie findet Sabrina diesen Text? Warum?
ⓔ Wie interpretiert sie ihn?
ⓕ Welche Konsequenz zieht sie? Warum?
ⓖ Was wünscht sie sich?

AB

4 Welche Bedeutung haben Zeugnisse in Ihrem Heimatland?
Berichten Sie in der Klasse.

WORTSCHATZ - *Schule*

1 Sehen Sie sich dieses Zeugnis an.

a Was erfahren Sie aus diesem Zeugnis?
b In welchen Fächern sind die Leistungen des Schülers gut?
c Welches sind die Problemfächer dieses Schülers?
d Welche Noten hat er in diesen Fächern?

`AB`

2 Ergänzen Sie die Schulfächer aus dem Zeugnis. Welchen Artikel bekommen alle?

-ik	Ethik
-ie	Biologie
-kunde	

3 Welches waren Ihre Lieblingsfächer in der Schule? Und Ihre Problemfächer?

a Ordnen Sie den Adjektiven jeweils ein Fach zu.

Fach	+
Fremdsprachen	einfach
	spannend
	klar
	praxisnah
	konkret

Fach	+
	schwierig
	langweilig
Physik	kompliziert
	theoretisch
	abstrakt

b Begründen Sie.
Beispiel: *Physik war für mich in der Schule immer ein Problem. Ich fand das Fach kompliziert und theoretisch. Fremdsprachen waren dagegen für mich einfach. Ich weiß auch nicht genau, warum. Sprachen fallen mir leicht.*

4 Wo gibt es im Text unten Informationen zu folgenden Fragen?
Schreiben Sie den entsprechenden Buchstaben in die Kästchen.

a Was für eine Schule ist es?
b Wie oft gibt es Zeugnisse?
c Wann muss man die Klasse wiederholen?
d Wie viele Notenstufen gibt es?
e Wie umfangreich ist das Zeugnis?
f Auf welcher Grundlage vergeben Lehrer die Noten?

Ich habe zuletzt die Internationale Schule in Hilversum, Niederlande, besucht. [a] Dort gibt es viermal pro Schuljahr Zeugnisse. Das heißt etwa alle 10 Wochen. [ ] Benotet werden Hausarbeiten, Projekte, mündliche Mitarbeit in der Klasse und natürlich schriftliche Tests. [ ] Die Zeugnisse sind sehr lang, mindestens 12 Seiten, [ ] denn jedes der zehn Fächer bekommt eine eigene Seite. Die Noten gehen von 1 bis 7. [ ] 7 ist die beste Note und bedeutet „ausgezeichnet", 1 ist die schlechteste Note und bedeutet „sehr geringe Leistung". Eine durchschnittliche oder mittlere Note ist also eine 4. Man darf höchstens in zwei Fächern eine schlechtere Note als 4 haben, wenn man im nächsten Schuljahr in die folgende Klasse kommen möchte. [ ]

5 Beschreiben Sie nun das Zeugnis der Schule, die Sie zuletzt besucht haben. `AB`

__1__   **Sehen Sie die Bilder an.**
Was tragen die Personen?

⟨ Jacke – Hose – Rock – Pulli – Blazer – Hemd – T-Shirt – Top – Oberteil
Krawatte – Sweatshirt – Kniestrümpfe – Schuhe – Stiefel

__2__   **Versuchen Sie sich zu erinnern:**
Sie als Schüler von etwa 15 Jahren.
Wie sah Ihre Kleidung an einem normalen Schultag aus?

__3__   **Hören Sie die Einleitung zu einer Radiosendung.**
ⓐ Was ist das Thema der Sendung?
ⓑ Wo kamen die Schüler in dieser Kleidung zur Schule? Ordnen Sie zu.

Brandenburg	Markenkleidung
Hamburg	bauchfreies Top
Augsburg	Springerstiefel und Bomberjacke

__4__   **Hören Sie nun, was drei Mädchen und drei Jungen**
über das Thema denken.
Sie hören jede Meinung zweimal.

ⓐ Markieren Sie zuerst:
Findet die Person Schuluniformen gut (+) oder nicht gut (-)?
ⓑ Notieren Sie nach dem zweiten Hören, aus welchem Grund.

Das finden die Mädchen.

Angela	+	-
Grund:		

Kim	+	-
Grund:		

Lilli	+	-
Grund:		

Das finden die Jungen.

Marius	+	-
Grund:		

Florian	+	-
Grund:		

Lukas	+	-
Grund:		

__5__   **Welche der Meinungen finden Sie besonders originell?**

SPRECHEN

1 Sehen Sie sich das Bild an.

   (a) Was tun die beiden?

   (b) Was sollte man in einer solchen Situation beachten?

   (c) Wie überzeugt man eine andere Person am besten von seiner Meinung?

2 Unterstreichen Sie in der Aussage unten Redemittel zum Ausdruck einer Meinung.

Schreiben Sie diese in die rechte Spalte.

Pro	Pro und contra Schuluniform	Redemittel
Es geht hier um die Frage, ob uns eine Schuluniform Vorteile bringt.		*Es geht hier um die Frage, ...*
Ich würde dazu gern etwas sagen.		
Also, ich bin absolut für die Schuluniform. In vielen Ländern der Welt hat man gute Erfahrungen damit gemacht.		
Die Situation ist doch heutzutage so: Schon die Kinder legen meiner Ansicht nach zu viel Wert auf ihre Kleidung.		
Dazu kommt ein weiteres Problem: Eltern müssen für die Kleidung ihrer Kinder sehr tief in die Tasche greifen.		
Für manche ist das finanziell unmöglich. In der Zeitung liest man bereits von brutalen Überfällen, bei denen Jugendliche sich gegenseitig wertvolle Lederjacken wegnehmen.		
Ich bin der Meinung, das muss endlich aufhören.		
Die Schuluniform hat in dieser Situation Vorteile für beide Seiten.		
Eltern müssen nur einmal für die Uniform bezahlen.		
Das kostet weniger als viele teure Jeans, Jacken und so weiter.		
Der Vorteil für die Schüler: Es gibt weniger Konflikte.		

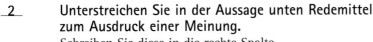

`AB`

3 Erarbeiten Sie zu zweit die Contra-Position.

Suchen Sie ein oder zwei Punkte, die gegen Schuluniformen sprechen. Geben Sie ein Beispiel. Verwenden Sie dazu die Redemittel in der rechten Spalte. Beginnen Sie etwa so:

Also, Ihre Ausführungen waren ja sehr interessant. Allerdings haben Sie mich nicht ganz überzeugt. Ich bin absolut nicht der Meinung, dass wir unsere Probleme mit der Schuluniform lösen. ...

`AB`

4 Podiumsdiskussion

Inszenieren Sie in der Klasse ein Streitgespräch mit folgenden Rollen.

- eine Moderatorin/ein Moderator
- eine Person für die Pro-Position
- eine Person für die Contra-Position
- Unterstützer der Positionen aus dem Publikum

1 **Sehen Sie sich das Schaubild an.**
Was ist hier dargestellt? Zu welchem der Begriffe wissen Sie etwas?

2 **Vergleichen Sie mit der Schule in Ihrem Heimatland.**
In Deutschland beginnen die Kinder die Schule mit sechs Jahren. Bei uns ...
Die Grundschule dauert vier Jahre. Bei uns ...
In verschiedenen deutschen Bundesländern gehen die Kinder nur vier Jahre
gemeinsam in dieselbe Schule. Bei uns ...
In einigen Bundesländern muss man schon im Alter von zehn Jahren darüber
nachdenken, ob ein Kind später zur Universität gehen soll. Bei uns ...

3 **Lesen Sie nun einen Text des bayerischen Unterrichtsministeriums.**
Welcher Absatz gehört zu welchem Teil des Schaubildes?

SCHULLAUFBAHNEN

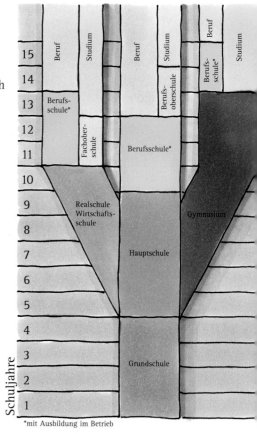

*mit Ausbildung im Betrieb

Der Vielfalt menschlicher Begabungen entspricht eine Vielfalt
möglicher Bildungswege.

Der mittlere, zentrale Weg führt von der Grundschule über die
Hauptschule in die Berufsausbildung. Wer die Dinge lieber praktisch
5 angeht, wer sich mit Sachverhalten lieber konkret als abstrakt aus-
einander setzt, für den ist die Hauptschule die richtige Schule. Die
Hauptschule führt auf dem kürzesten Weg zur Berufsausbildung.

Die Realschule und die Wirtschaftsschule bieten Schülern mit
theoretischer und praktischer Begabung eine Alternative zum Weg
10 über die Hauptschule in die Berufsausbildung. Mit dem Abschluss-
zeugnis einer Realschule oder einer Wirtschaftsschule können
die Schüler eine Berufsausbildung aufnehmen oder in die Fach-
oberschule eintreten.

Der Übergang von der Grundschule auf das Gymnasium stellt eine
15 weitere Alternative dar, und zwar für den Fall, dass das Abitur
und damit ein späteres Universitätsstudium angestrebt werden. Zu
den Eigenschaften eines künftigen Gymnasiasten sollten vor allem
die Fähigkeit und die Bereitschaft zur Auseinandersetzung mit
theoretischen Problemstellungen gehören. Zwar treten heute nicht
20 wenige Menschen nach dem Abitur unmittelbar in das Berufsleben
über, das Hauptziel des Gymnasiums sind aber der Erwerb der allgemeinen Hochschulreife und ein anschließendes Studium.

4 **Besonderheiten der drei Wege**
Ergänzen Sie die wesentlichen Informationen.

Schultyp	am besten für Schüler	führt zu
Hauptschule	*mit praktischer Begabung*	
Realschule/Wirtschaftsschule		
Gymnasium		

5 **Interpretation**
a Welcher Schultyp würde am besten zu Ihnen passen? Warum?
b Mit welchem Schulabschluss haben Schüler wohl die besten
Chancen im Leben?
c Was wird in diesem Text **nicht** gesagt?

AB

__1__ **Woher stammt der folgende Text wohl?**

☐ aus einem Roman ☐ aus einer Tageszeitung oder Zeitschrift

☐ aus einem Tagebuch ☐ aus einer Informationsbroschüre

Woran erkennen Sie das?

__2__ **Assoziationen und Vermutungen**

Was fällt Ihnen spontan zum Titel des Textes ein?

Wovon handelt der Text wohl?

__3__ **Lesen Sie den Text und unterstreichen Sie Schlüsselwörter.**

Klassenkampf

Drei Grundschuljahre lang sind in Bayern alle Kinder gleich.
Auch noch im vierten. Aber dann wird sortiert.

Meistens lässt sich nicht so einfach sagen, warum ein Leben in die eine oder andere Richtung gelaufen ist. Aber manchmal, zum Beispiel bei meinen Freunden Jürgen und Max, kann man dies doch ganz gut
5 festmachen, sogar ziemlich genau an diesem heißen Freitag im Juli vor 15 Jahren. Die beiden waren Schulkameraden von mir, richtige Freunde. An diesem Freitag standen wir das letzte Mal zu dritt in einem Pausenhof irgendwo im Süden Münchens, und als jeder
10 schließlich nach Hause ging mit seinem Zeugnis, dachte sicher keiner an eine ewige Trennung. Es war ja im Grunde alles wie vor jeden Sommerferien: Drei sehr mittelmäßige Schüler haben wieder ein Jahr hinter sich gebracht, diesmal allerdings die vierte Grund-
15 schulklasse.

Jürgen und Max kamen beide aus so genannten einfachen Verhältnissen. Unser Klassenlehrer fand, dass sie nicht auf das Gymnasium, sondern lieber auf die Hauptschule gehen sollten. Ihr Notendurchschnitt
20 reichte zwar gerade noch, aber insgesamt seien sie zu wenig lernbereit und zu unreif. Die Mutter von Jürgen ging daraufhin zu dem Lehrer in die Sprechstunde und teilte ihm mit, ihr Sohn werde natürlich aufs Gymnasium gehen, „und zwar komme, was wolle".
25 Der Vater von Max, ein Landwirt, sprach auch mit dem Lehrer. Er war sehr einverstanden mit der Hauptschule, sein Sohn sollte was Richtiges lernen, eine Lehre machen und später dann auf dem Hof mitarbeiten.

So also trennten sich die Wege. In immer größeren Jahresabständen habe ich Max noch manchmal ge- 30 troffen. Er machte den Hauptschulabschluss, eine Schreinerlehre, die er aber nach einem Unfall, bei dem er mehrere Finger verlor, abbrechen musste. Später kamen andere Versuche hinzu, als Verkäufer und als Maler. Es war immer nett, wenn wir uns sahen. Max 35 ist ein lustiger Typ. Bislang wenigstens haben ihn seine Misserfolge nicht aus der Bahn geworfen. Doch nach einer Zeit, so etwa nach einer Stunde, wurden unsere Gespräche immer ein wenig schwierig, wenn er sich nach meinem Leben erkundigte: Studium (ab- 40 gebrochen, wie ich betonte), Journalistenschule …. Er hatte plötzlich einen anderen Blick, wenn er dann sagte: „Ja, dein Leben, das ist halt was ganz anderes." Und nie vergaß er nachzufragen, wie es dem Jürgen so geht. Studium, abgebrochen, anderes Studium, 45 auch abgebrochen, sagte ich, dann eine Schauspielschule, längere Zeit in Paris …. Ich weiß noch, dass ich mich einmal ziemlich schlecht fühlte, als ich die Erzählungen über Jürgen mit den ziemlich unpassenden Worten beendet hatte: „Besonders glücklich ist 50 der aber auch nicht."

Der letzte Freitag, die große Wendemarke – bis dahin sind alle Kinder gleich, dann wird sortiert. Es gibt Tausende solcher Geschichten wie die meiner Freunde, nur werden sie von Jahr zu Jahr härter. 55

Stephan Lebert

__4__ **Suchen Sie im Text Informationen über die drei Schüler.**

Informationen über	Jürgen	Max	Stephan
ⓐ Familie/Eltern	*aus einfachen Verhältnissen*	*auch*	*?*
ⓑ Warum ins Gymnasium?			
ⓒ Warum in die Hauptschule?			
ⓓ Schulabschluss			
ⓔ Tätigkeiten nach der Schule			

LESEN 2

_5_ Erklären Sie, was der Autor mit den folgenden Sätzen meint.

ⓐ „Jürgen und Max kamen beide aus so genannten einfachen Verhältnissen." (Zeile 16/17)

ⓑ „Besonders glücklich ist der aber auch nicht." (Zeile 50/51)

ⓒ „Es gibt Tausende solcher Geschichten, nur werden sie von Jahr zu Jahr härter." (Zeile 53–55)

_6_ Der Titel des Textes – Klassenkampf – ist ein Wortspiel.
Worauf spielt dieser Titel an?

`AB`

_GR 7_ Gegenwart – Vergangenheit

GR S. 56/1

Untersuchen Sie das Zeitsystem des Textes. Bilden Sie dazu vier Gruppen und sammeln Sie die Verben. Gruppe 1 sucht alle Sätze im Präsens, Gruppe 2 alle Sätze im Präteritum, Gruppe 3 alle Sätze im Perfekt, Gruppe 4 alle Sätze im Plusquamperfekt.

_GR 8_ Vergangenheitsformen

Welche der Verben aus Aufgabe 7 verändern in der Vergangenheitsform den Vokal im Wortstamm, sind also unregelmäßig, welche verändern den Wortstamm nicht, sind also regelmäßig? Sortieren und ergänzen Sie:

unregelmäßige Verben			regelmäßige Verben			Mischformen		
lassen	ließ	gelassen	reichen	reichte	gereicht	können	konnte	gekonnt

`AB`

_GR 9_ Gebrauch der Zeiten: Präteritum – Perfekt – Plusquamperfekt

Plusquamperfekt	Präteritum	Perfekt
Ich hatte eine Erzählung mit den Worten beendet ...	Ich fühlte mich ziemlich schlecht.	In immer größeren Abständen habe ich Max getroffen.

ⓐ Welche Form drückt aus, dass etwas innerhalb der Vergangenheit zeitlich noch weiter zurückliegt?

ⓑ Welche Zeitform wird meistens in der Alltagssprache verwendet?

ⓒ Welche Zeitform wird hauptsächlich bei Grundverben (*haben*, *sein*), Modalverben und in der geschriebenen Sprache (z.B. in Erzählungen, Berichten usw.) verwendet?

`AB`

_GR 10_ Perfekt mit *haben* und *sein*

ⓐ Suchen Sie im Lesetext alle Verben, die das Perfekt mit *sein* bilden.
Beispiel: *er ist geblieben*

ⓑ Regeln: Welche Verben verwenden *haben*, welche *sein*?

Das Verb	haben	sein
■ drückt eine Ortsveränderung aus, z.B. *fahren, kommen, gehen*		X
■ hat eine Akkusativergänzung, z.B. *kaufen, tanzen*		
■ drückt eine Zustandsänderung aus, z.B. *aufwachen, sterben*		
■ ist reflexiv, z.B. *sich fühlen, sich entscheiden*		
■ *bleiben* und *sein*		

`AB`

52

SCHREIBEN

<u>1</u> Lesen Sie den Brief einer deutschen Brieffreundin.

> Frankfurt, 10. Februar 20..
>
> *Liebe Lisa,*
>
> *vielen Dank für deine tolle Karte. Endlich lässt du mal wieder was von dir hören. Und wie es scheint, geht es dir ja echt gut.*
>
> *Das kann ich von mir leider nicht sagen. Gestern habe ich die zweite Physikarbeit zurückbekommen – wieder eine Fünf. Also ich weiß wirklich nicht, was ich machen soll. Physik ist einfach der Horror. Warum soll bloß jeder Mensch verstehen, was sich Newton und die alle ausgedacht haben?*
>
> *Das Schlimmste ist, mein Lehrer gibt mir keine Chance, von den schlechten Noten runterzukommen. Die schlechten Schüler lässt der Typ einfach links liegen. Wenn ich in den nächsten beiden Arbeiten nicht wenigstens eine Vier und eine Drei schreibe, dann sieht es für mein Zeugnis am Jahresende düster aus. Denn in Mathe stehe ich ja sowieso schon schlecht.*
>
> *Du siehst also, Stress, Stress, Stress. Und dann noch fünf Wochen bis zu den Osterferien. Wie soll ich das nur aushalten?*
>
> *Hast du nicht Lust, mich mal etwas abzulenken? Meine Eltern hätten sicher auch nichts dagegen, wenn du uns besuchst. Also, überlege es dir. Und schreib bald!!!!!*
> *Liebe Grüße,*
>
> *deine Lena*

<u>2</u> **Analyse**

Was fällt Ihnen an dem Brief auf? Untersuchen Sie:

a Wer schreibt an wen?
b Welche Anrede und welcher Gruß werden verwendet?
c Was fällt Ihnen an der Sprache der Briefschreiberin auf?

<u>3</u> **Beantworten Sie den Brief.**

a Zeigen Sie Verständnis für Lenas Situation.
b Erzählen Sie etwas von eigenen Erfahrungen in der Schule.
c Geben Sie Lena einen Rat. Wählen Sie aus den folgenden Sätzen einige für Ihren Brief aus.

Das tut mir aber Leid, dass …	*Ich habe ähnliche Erfahrungen gemacht, als ich …*	*Wenn ich an deiner Stelle wäre, würde ich …*
Dass es dir nicht so gut geht, finde ich schade.	*Also, bei mir war das so: …*	*Ich denke, du solltest mal …*
Dein Problem mit dem Lehrer verstehe ich gut.	*Als ich in der … Klasse war, ging es mir einmal ähnlich.*	*Ich würde …*
Deine Schulprobleme finde ich schlimm/weniger schön/…	*Also, meine Erfahrungen mit Lehrern sind …*	*Ich gebe dir einen guten Rat: …*
		Ich empfehle dir, …

AB

<u>4</u> **Korrekturlesen**

Tauschen Sie Ihren Brief mit Ihrer Lernpartnerin/Ihrem Lernpartner aus und kontrollieren Sie den Text.

LESEN 3

__1__ Erklären Sie, was mit diesen Wörtern gemeint ist.

sitzen bleiben　　**eine Ehrenrunde drehen**

kleben bleiben　　**nicht versetzt werden**

durchfallen

__2__ Lesen Sie, was der Schriftsteller Peter Weiss
(1916–1982) zu diesem Thema schreibt.
Welche Situation wird hier beschrieben?

Ich kam mit dem Schulzeugnis nach Hause, in dem ein schrecklicher Satz zu lesen war, ein Satz, vor dem mein ganzes Dasein zer-
5 brechen wollte. Ich ging mit diesem Satz große Umwege, wagte mich nicht mit ihm nach Hause, sah immer wieder nach, ob der nicht plötzlich verschwunden war,
10 doch er stand immer da, klar und deutlich. Als ich schließlich doch nach Hause kam, weil ich nicht die Kühnheit hatte, mich als Schiffsjunge nach Amerika anheuern zu
15 lassen, saß bei meinen Eltern Fritz W. „Was machst du denn für ein betrübtes Gesicht", rief er mir zu. „Ist es ein schlechtes Zeugnis?"
fragte meine Mutter besorgt, und
20 mein Vater blickte mich an, als sehe er alles Unheil der Welt hinter mir aufgetürmt. Ich reiche das Zeugnis meiner Mutter hin, aber Fritz riß es mir aus der Hand und
25 las es schon und brach in schallendes Gelächter aus. „Nicht versetzt", rief er, und schlug sich mit seiner kräftigen Hand auf die Schenkel. „Nicht versetzt", rief er
30 noch einmal, während meine Eltern abwechselnd ihn und mich verstört anstarrten, und zog mich zu sich heran und schlug mir auf die Schultern. „Nicht versetzt, ge-
35 nau wie ich", rief er, „ich bin viermal sitzengeblieben, alle begabten Männer sind in der Schule sitzengeblieben." Damit war die Todesangst zerstäubt, alle Gefahr war
40 vergangen. Aus den verwirrten Gesichtern meiner Eltern konnte sich keine Wut mehr hervorarbeiten, sie konnten mir nichts mehr vorwerfen, da ja Fritz W., dieser
45 tüchtige und erfolgreiche Mann, alle Schuld von mir genommen hatte und mich dazu noch besonderer Ehrung für würdig hielt.

__3__ Steht das im Text?

	ja	nein
Die Situation		
a Der Junge muss das Schuljahr wiederholen.	☐	☐
b Auf dem Heimweg ging das Zeugnis plötzlich verloren.	☐	☐
c Der Junge hat Angst, nach Hause zu gehen.	☐	☐
Die Reaktionen		
d Der Vater hätte seinen Sohn am liebsten geschlagen.	☐	☐
e Fritz W. ist von dem Jungen nicht enttäuscht.	☐	☐
f Die Mutter wollte das Zeugnis gar nicht sehen.	☐	☐
Die Folgen		
g Der Junge wandert nach Amerika aus.	☐	☐
h Das schlechte Zeugnis war ein Unheil für die Familie.	☐	☐
i Das Schulzeugnis war besonders wichtig für sein späteres Leben.	☐	☐

__4__ Wie finden Sie die Reaktion von Fritz W.?
Warum? Begründen Sie Ihre Meinung.

GR __5__ Nicht trennbare Verben

GR S. 56/2

Unterstreichen Sie im Text alle Verben. Welche der Verben werden mit
einer der folgenden Vorsilben gebildet, die **nicht** vom Verb abgetrennt
werden können? Beispiel: *versetzt*

be-	ent-	ge-	ver-
emp-	er-	miss-	zer-

`AB`

GR 6 **Bedeutung der Vorsilben *ver-* und *zer-***

Oft bezeichnen Verben mit der nicht trennbaren Vorsilbe *ver-*, dass etwas *verschwindet* oder *zugrunde geht*. Verben mit der nicht trennbaren Vorsilbe *zer-* haben oft die Bedeutung *kaputtmachen* oder *zerstören*. Ergänzen Sie die Beispiele und klären Sie die Bedeutung.

hungern – *verhungern*	dursten –	gehen –
brechen – *zerbrechen*	reißen –	schlagen –

`AB`

GR 7 **Trennbare Verben**

Ergänzen Sie im Kasten unten Verben aus dem Text, deren Vorsilbe vom Verb getrennt werden kann.

an-	aus-	auf-	hervor-	nach-	vor-	zu-
anheuern	*ausbrechen*					

`AB`

GR 8 **Wortstellung der trennbaren Vorsilben**

ⓐ Suchen Sie je ein Beispiel aus dem Text für die Wortstellung der trennbaren Verben. Struktur 1, die so genannte Satzklammer, gilt für Sätze im Präsens und im Präteritum. Struktur 2 gilt für Sätze im Perfekt und im Plusquamperfekt sowie für Sätze mit Modalverb und im Passiv.

	Position 1	Verb	Position 3, 4 …	Endposition
Struktur 1	Ich	sah	immer wieder	nach.
Struktur 2	Ich	musste	immer wieder	nachsehen.

ⓑ Welche Struktur passt im Hauptsatz, welche im Nebensatz? Suchen Sie Beispiele im Text.

`AB`

9 **Lesen Sie den Lexikonartikel über Peter Weiss.**

ⓐ Was erfahren Sie über seine Familienverhältnisse?
ⓑ Wo hat Peter Weiss überall gelebt?
ⓒ Was erfahren Sie über seine Ausbildung und seinen Beruf?

Peter Weiss – *Schriftsteller und Graphiker*

1916	geboren in Nowawes bei Potsdam als Sohn eines Textilfabrikanten und einer Schauspielerin; zusammen mit seinen Schwestern und Stiefbrüdern wächst er in Bremer und Berliner Villen der 20er Jahre auf.
1934	Emigration der Familie nach London, weil der Vater Jude ist.
1936	Umzug nach Böhmen, weil der Vater in London geschäftlich nicht Fuß fassen kann. Aufnahme in die Prager Kunstakademie.
1938	Wegen des Einmarsches der deutschen Truppen in die Tschechoslowakei flieht die Familie nach Schweden.
1944	Heirat mit einer schwedischen Malerin; eine Tochter kommt zur Welt.
1945	Schwedische Staatsbürgerschaft.
1947	Als Reporter einer schwedischen Zeitung kommt er nach Deutschland; an eine Rückkehr für immer denkt er aber nicht. Ehescheidung.
1964	Durchbruch zu internationalem Erfolg mit dem Drama *Die Verfolgung und Ermordung Jean Paul Marats, dargestellt durch die Schauspieltruppe des Hospizes zu Charenton unter Anleitung des Herrn de Sade.* Uraufführung in Berlin.
1965	In *10 Arbeitspunkte eines Autors in der geteilten Welt* bekennt er sich zum Sozialismus.
1982	Er stirbt in Stockholm.

__1__ **Vergangenheit** ÜG S. 78 ff.

a Formen der Verben

Verb	Infinitiv	Präteritum	Perfekt	Plusquamperfekt
regelmäßig	sagen	sagte	hat gesagt	hatte gesagt
	wandern	wanderte	ist gewandert	war gewandert
unregelmäßig	sprechen	sprach	hat gesprochen	hatte gesprochen
	gehen	ging	ist gegangen	war gegangen
Mischverb	denken	dachte	hat gedacht	hatte gedacht
	können	konnte	hat gekonnt	hatte gekonnt

Mischverben sind: *denken, bringen, kennen, nennen, wissen* sowie die Modalverben *können, dürfen, müssen*; Besonderheit bei Präteritum: *du arbeitetest,
er arbeitete* (Verben, deren Stamm auf -t, -d, -tm, -fn, -gn usw. endet).

b Vergangenheit der regelmäßigen Verben

Person	Präteritum		Perfekt				Plusquamperfekt			
ich		-te	habe		bin		hatte		war	
du		-test	hast		bist		hattest		warst	
er/sie/es	sag	-te	hat	gesagt	ist	gewandert	hatte	gesagt	war	gewandert
wir		-ten	haben		sind		hatten		waren	
ihr		-tet	habt		seid		hattet		wart	
sie/Sie		-ten	haben		sind		hatten		waren	

c Vergangenheit der unregelmäßigen Verben

Person	Präteritum		Perfekt				Plusquamperfekt			
ich		–	habe		bin		hatte		war	
du		-(e)st	hast		bist		hattest		warst	
er/sie/es	stand	–	hat	gestanden	ist	gegangen	hatte	gestanden	war	gegangen
wir		-en	haben		sind		hatten		waren	
ihr		-et	habt		seid		hattet		wart	
sie/Sie		-en	haben		sind		hatten		waren	

d Funktion

Plusquamperfekt	Präteritum	Perfekt
Nachdem ich meine Erzählung beendet hatte,	*fühlte ich mich ziemlich schlecht.*	*Max ist ein lustiger Typ geblieben.*
Voraussetzung, Vorgeschichte	Schriftsprache, Grundverben, Modalverben	gesprochene Sprache

__2__ **Verben mit trennbaren und nicht trennbaren Vorsilben** ÜG S. 106 ff.

● Vorsilbe betont – vom Verb trennbar

ab-	abbrechen	bei-	beibringen	hin-	hinschreiben	vor-	vorwerfen
an-	ansehen	ein-	einkaufen	los-	loslassen	weg-	weggehen
auf-	aufpassen	fest-	festmachen	mit-	mitteilen	zu-	zurufen
aus-	ausbrechen	her-	herkommen	nach-	nachsehen	zurück-	zurückkehren

● Vorsilbe unbetont – vom Verb nicht trennbar

be-	beenden	er-	erwarten	ver-	verstehen
emp-	empfinden	ge-	gefallen	zer-	zerbrechen
ent-	entschuldigen	miss-	missverstehen		

5

1   Beschreiben Sie, was Sie auf dem Bild sehen.

> *Auf dem Foto ist ... abgebildet.*
> *Darauf stehen ...*
> *Außerdem sehe ich auf dem Tisch ...*

2   Mahlzeiten

a   Um welche Mahlzeit handelt es sich hier?

> *Wahrscheinlich ist das ein ...*
> *Es könnte sich aber auch um ein ... handeln.*

b   Wie viele Mahlzeiten nehmen Sie täglich zu sich?
     Wann gibt es diese Mahlzeiten werktags und am Wochenende?

> *Ich/Wir frühstücken meist um ...*
> *Am Wochenende oder ... frühstücken wir oft (erst) um ...*
> *Mittagessen gibt es ...*
> *Zu Abend esse ich ...*

c   Was isst und trinkt man in Ihrer Heimat zu diesen Mahlzeiten?
     Nennen und beschreiben Sie einige typische Speisen und Getränke.

> *Bei uns gibt es zum Frühstück meist ...*
> *Das ist ... aus ...*
> *Manche Leute essen aber auch ...*
> *Zu Mittag isst man oft ...*
> *Abends gibt es dann ...*

HÖREN 1

1 **Beschreiben Sie dieses Foto.**
Was kann man dort trinken und essen?
Wo wurde es wohl gemacht? Kennen Sie so ein Lokal?

2 **Hören Sie nun ein Interview.**
Es wurde in dem Lokal, das hier abgebildet ist, gemacht.
Hören Sie das Interview zunächst einmal ganz.
Welche Personen werden interviewt und welche Themen angesprochen?

Personen	Themen
Gast	Atmosphäre im Café, Getränke

3 **Hören Sie das Interview noch einmal in vier Abschnitten.**
Lösen Sie nach jedem Abschnitt die entsprechenden Aufgaben.

Abschnitt 1   Sind folgende Aussagen richtig oder falsch? Kreuzen Sie an.

	richtig	falsch
a Der weibliche Gast kommt oft ins Café *Ruffini*.	☐	☐
b Das Café trägt seinen Namen nach einem italienischen Wein.	☐	☐
c Im *Ruffini* gibt es neben Wein die verschiedensten Getränke.	☐	☐
d Das *Ruffini* bestellt seine Weine direkt bei den Weinbauern.	☐	☐

Abschnitt 2   Antworten Sie in Stichworten.

e Wer arbeitet in der Küche?
f Nennen Sie einige Gerichte auf der Speisekarte.
g Was ist Paulas Lieblingsgericht?

Abschnitt 3   Welche der drei Aussagen ist jeweils richtig? Kreuzen Sie an.

h Die Köchin Paula
☐ wollte eigentlich Soziologie studieren, bekam jedoch keinen Studienplatz.
☐ hat ihr Soziologiestudium beendet, wollte aber nicht in dem Bereich arbeiten.
☐ findet die Arbeit in der Küche langweilig.

i Entscheidungen im Café *Ruffini*
☐ Keiner hat mehr zu sagen als die anderen, alle entscheiden gemeinsam.
☐ Es gibt einen Chef, dem man bei Teambesprechungen Vorschläge machen kann.
☐ Die Mitarbeiter haben Probleme, weil sie ohne Chef arbeiten müssen.

Abschnitt 4   Welche Stichworte passen? Kreuzen Sie an.

Die beiden Gäste mögen am *Ruffini*:	☒ das alternative Publikum ☐ die Atmosphäre ☐ die Geschäftsleute ☐ die Nachmittagsstunden im Café ☐ die Yuppies ☐ die Hektik
Das *Ruffini* bietet außer Speisen und Getränken:	☐ Bilderausstellungen ☐ Lesungen von Schriftstellern ☐ Livemusik ☐ eine Bücherecke ☐ Weinproben ☐ Kabarett

5

Wer geht wohin?

Sehen Sie sich die Anzeigen unten an und entscheiden Sie, welche der folgenden Personen wohin geht. Nicht alle Personen finden ein passendes Lokal.

☐ Familie Wohlfahrt aus Hamburg ist zu Besuch in München und möchte gern Spezialitäten aus der Region probieren.

☐ Karla Rettich sucht ein Restaurant mit einer großen Auswahl an fleischlosen Speisen.

☐ Herr Dickinger hat mittags immer sehr großen Hunger und mag am liebsten italienische Küche.

☐ Daniel und Linda frühstücken am Wochenende am liebsten schon frühmorgens ausführlich und legen Wert auf eine große Auswahl an Brot und Gebäck.

☐ Frau Lindinger möchte mit Kollegen abends essen gehen und sucht etwas „Exotisches".

☐ Jens und Herbert möchten einmal in eine besondere Kneipe gehen, wo außer Essen und Trinken auch etwas Kultur geboten wird.

☐ Nach dem Diskobesuch am Samstag um vier Uhr morgens haben Anne, Daniel und Susi noch Lust, eine Kleinigkeit zu essen und eventuell Livemusik zu hören.

AB

A

Nachtcafé

- Jazzig in den Münchner Morgen -

Reibungsloser Übergang vom Cocktailglas zur Kaffeetasse, vom Mitternachtmenü zum Frühstück.. Spontane Life Music Sessions haben im Stern am Münchner Nachthimmel schon manchen um die letzten drei Stunden Schlaf gebracht.

Schon fest im Terminplan eines jeden Münchner Nachtvogels.

Maximiliansplatz 5 80335 München Tel. 59 59 00

C

CAFÉ ★ EIS ★ Bodo's ★ KONDITOREI

80331 MÜNCHEN   HERZOG-WILHELM-STR. 29
☎ 26 36 73

7 Tage geöffnet - Frühstück von 7⁰⁰ -17⁰⁰ Uhr

Die Nr. 1 in MÜNCHENS Innenstadt - lassen Sie sich von Bodo's Leckereien & Schmankerln rundum verwöhnen im quirlig-schnellen Ambiente circensischer Atmosphäre.

D

BRÄUHAUS

zur Brezn

Bayerische Schmankerl in Schwabing
Leopoldstr. 72 - Tel.:089/390092

Täglich von 9⁰⁰ bis 3⁰⁰ früh geöffnet
>> Durchgehend warme Küche <<

E

VEGETARISCHE Spezialitäten

RESTAURANT CAFÉ

Balzer

Volkartstraße 70
80636 München
Tel. 12 39 19 19

Internationale vegetarische Spezialitäten in angenehmer Atmosphäre. Party-Service.

B

NIAWARAN

Niawaran

Persisches
Spezialitäten Restaurant

Innere-Wiener-Straße 18
81667 München
Tel. (0 89) 48 74 08

F

Das schäbige Restaurant mit brechtigen Moritaten

Eine Kulturspelunke zum

FUTTERN
FEIERN
FABULIEREN

täglich von 9.00 - 1.00 Uhr

Lilienstraße 2 - 81669 München - Tel. 4 89 02 90

_1_ **Welche typischen deutschen Lebensmittel kennen Sie?**
Welche davon essen Sie? Welche nicht? Warum?

_2_ **Sehen Sie das Foto an.**
Welche dieser Spezialitäten kennen Sie? Ordnen Sie die Namen den Speisen zu.

Aachener Printen – Allgäuer Emmentaler – Bayrisch Blockmalz – Blutwurst – Brezn – Sauerkraut – Dresdner Stollen – Gummibärchen – Kieler Sprotten – Leberspätzlesuppe – Pfälzer Leberwurst – Linseneintopf mit Speck – Münchner Weißwürste – Nürnberger Lebkuchen – Quarkspeise – saure Gurken – süßer Senf – Westfälischer Pumpernickel

_3_ **Aus welchen Gebieten Deutschlands kommen diese Lebensmittel?**
Suchen Sie im Lexikon oder Internet: Was gibt es in Aachen, Dresden, Kiel, Nürnberg, München, Westfalen und der Pfalz noch an Spezialitäten zum Essen oder Trinken?

_4_ **Ordnen Sie die Speisen in drei Gruppen.**
Welche passen in keine Gruppe? Ergänzen Sie anschließend Beispiele aus ihrer Heimat.

Brot/Backwaren	Fleisch/Wurst	Fisch	Milchprodukte/ Käse	Süßigkeiten
Pumpernickel				

Vorspeise	Hauptgericht	Beilage	Nachtisch
Leberspätzlesuppe			

Frühstück	Mittagessen	Zwischen- mahlzeit	Abendessen
Brezn			

_5_ **Geschmacksrichtungen**
Welche passt zu welcher Speise?
süß – sauer – salzig – bitter – scharf – fruchtig – würzig

AB

___1___   Internationales Testessen

Lesen Sie die Texte und ergänzen Sie das Raster.

Familie/Person, Land	Das hat geschmeckt.	Das hat nicht geschmeckt.	Warum nicht?
Mboya, Kenia	Blutwurst	Leberspätzlesuppe	sieht nicht gut aus

ren Bradley mit Freunden, Minnesota, USA

...nn machten wir „Brotzeit". Das Pumpernickel-
...ot fanden einige bitter, die anderen wirklich
...cker. Was wir alle richtig mochten, waren eure
...ieler Sprotten. Noch besser als Sardinen. Beim
Anblick der Blutwurst allerdings mussten wir uns
fast übergeben. Keiner von uns konnte das probieren. Sehr ekelhaft. Eigentlich sollten wir ja auch
die sauren Gurken zur Brotzeit essen, aber die habe
ich alle allein gegessen, noch bevor meine Gäste
kamen. Aber eure Weißwürste! Wir haben lange
drüber diskutiert, wie man diese leichten weißen
Würste wohl macht. Das Fleisch schmilzt ja fast im
Mund. Der absolute Höhepunkt ist der süße Senf
dazu. Wir waren schlicht begeistert. Den könnten
wir auch pur essen. Nun zu den Süßigkeiten.
Da hätte ich eine große Bitte: Ich würde gern eine
ganze Kiste von diesem Bayrisch Blockmalz ordern!
Unglaublich lecker und passt perfekt zum Wein!

Familie Mboya, Kenia

Von der Leberspätzlesuppe wurde mir fast schlecht. Mein fünf-
jähriger Sohn, Maxim, hat sich halb tot gelacht. „Die Deutschen
essen Hühnerkotsuppe!" Die Blutwurst hat uns dagegen gut
geschmeckt. Leider war sie nicht so frisch wie die Blutwurst,
die mein Vater immer am Victoriasee selbst gekocht hat,
ein echtes Festessen. Die Pfälzer Leberwurst mit ihren grünen,
braunen, weißen Flecken sah aus, als wäre sie verschimmelt.
Walter, mein Mann, probierte sie dennoch, er sagt alles.
Er sagte, es schmeckte wie ekliger roher Fisch, einfach widerlich.
Fische wie eure Kieler Sprotten werden bei uns wieder in den
See geworfen: Mit Gräten, Kopf und Schwanz stinken sie.
Die Weißwürste sahen wie junge geschälte Bananen aus,
ich dachte, das könnte was für Maxim sein. Aber als ich sie
anfasste, merkte ich, hoppla, die fühlen sich aber sehr komisch
an. Geschmeckt haben sie wie modrige Blätter aus dem Urwald!
Die Nürnberger Rostbratwürste haben uns allen geschmeckt,
was für ein Glück. Wie unsere Würste. Die Aachener Printen,
wirklich ausgezeichnet. Ein bisschen hart vielleicht. Bayrisch
Blockmalz, wieder ausgezeichnet. Diesen Geschmack kannten
wir alle nicht. Solche Bonbons sollte es auch in Kenia geben!

Sajo Kumar, Kalkutta, Indien

Wir essen unsere Gerichte nicht mit Messer und Gabel oder Stäbchen, sondern mit unseren Händen –
wir fühlen unser Essen also auch. Deshalb sollte Essen sich gut anfühlen. Und es sollte möglichst würzig und
pikant schmecken. Insofern erlebten wir schon mal die erste Enttäuschung. Es waren keine scharfen Gerichte
dabei. Zum Glück konnten wir sie nachwürzen. Die Weißwürste haben wir gegrillt. So schmecken sie noch viel
besser, glauben Sie uns. Einiges aus eurem Korb hat uns wirklich gar nicht geschmeckt: Die kleinen Fische,
diese Kieler Sprotten, rochen schlimm. Mit Sellerie oder Petersilienblättern wären sie vielleicht genießbar.
Das Pumpernickelbrot war uns zu hart und hatte einen nichts sagenden Geschmack. Die Leberwurst haben wir
nicht probiert, so etwas ist für einen Inder ungenießbar. Ach ja, unsere Kinder mochten das Blockmalz sehr
gern, uns war es viel zu süß.

___2___   Test-Essen: Wie schmecken Ihnen deutsche Spezialitäten?

Bilden Sie Vierergruppen. Jedes Gruppenmitglied bringt eine Spezialität mit. In Gruppen
werden sie probiert. Dann sagen alle, was geschmeckt hat, was nicht und warum.
Vergleichen Sie auch mit dem Essen Ihrer Heimat.

> **Der/Die/Das ... hat uns gut/ausgezeichnet geschmeckt.**
> **Der/Die/Das ... hat eklig/widerlich geschmeckt/war ungenießbar.**
> **Der/Die/Das ... schmeckt genauso wie bei uns ...**
> **Der/Die/Das ... passt gut zu ...**
> **Von ... waren wir begeistert.**

STEINHEIL

__1__   **Worüber sollte eine gute Restaurantkritik Ihrer Meinung nach Auskunft geben?**
Erstellen Sie zu zweit eine Liste mit sechs bis acht Punkten.

__2__   **Lesen Sie folgende Restaurantkritik.**

a Welche Ihrer Punkte sind darin berücksichtigt? Welche nicht?

b Setzen Sie jeweils eine der folgenden Überschriften über die Absätze von Zeile 46 bis 60.

Ambiente - Adresse - Besonderer Tipp - Service

STEINHEIL 16

5

Die einfache Fasssade des Hauses und die spartanische Einrichtung des Restaurants in der Steinheilstraße machen nicht den Eindruck, dass hier abwechslungsreiche, frische Küche geboten
5   wird. Ein Blick auf die Speisekarte weckt aber die Lust am Probieren.

Soll dies in Ruhe geschehen, dann muss man außerhalb der Mittagszeit kommen, denn ab 12 Uhr gehört das Lokal zum erweiterten Campus
10   der TU (Technischen Universität). Zusammen mit Angestellten der umliegenden Büros füllen Studenten das Lokal bis auf den letzten Platz.

Die Nähe zur TU allein würde diesen Ansturm nicht erklären. Vielmehr liegt es an einem „Schnitzel Wie-
15   ner Art": Über den Tellerrand hängend und zum konkurrenzlos niedrigen Preis verdient es das höchste Lob.

In jeder Hinsicht gute Noten verdient sich auch der Schweinebraten. Das Fleisch ist zart, die Soße dunkel
20   und kräftig im Geschmack, die Kartoffelknödel sind locker.

Leider machte die Entenbrust eine glatte Bauchlandung. Das Fleisch war zu lang und die darin servierten Pilze zu scharf gebraten; die Bohnen hatten
25   schon lange keinen Biss mehr und waren gewürzt, wie man's von Krankenhäusern kennt: überhaupt nicht. Das war jedoch der einzige Minuspunkt.

So waren die wunderbar saftigen, mit italienischen Kräutern gewürzten Hühnerkeulen ein
30   Gedicht und harmonierten ausgezeichnet mit der fruchtigen Orangensoße.

Das Fischfilet in Zitronenbutter war auf den Punkt gebraten und ließ geschmacklich keine Wünsche offen.

Für Vegetarier werden immer zwei bis drei 35 Gerichte angeboten. Vom Besten waren die gebratenen Pilze auf Blattspinat mit knusprigen Bratkartoffeln.

Für Liebhaber von Süßem hat das *Steinheil* nur ein Dessert auf der Tageskarte, aber das ist von ausge- 40 suchter Qualität! So waren die feinen Himbeerpfannkuchen mit Vanilleeis und das gemischte Eis mit frischen Beeren ein Genuss. Dazu eine Tasse des ausgezeichneten Kaffees, und alle Ärgernisse des Tages sind vergessen. 45

Adresse

Steinheilstraße 16, 80333 München
Tel.: 52 74 88
täglich geöffnet von 10 bis 1 Uhr

Von Schafkopf spielenden Rentnern am Sonntagmit- 50 tag bis zum Nachtschwärmer beim „Aufwärmen" am Samstagabend findet hier jeder seine Heimat. Die wechselnden Fotoausstellungen verleihen dem kargen Raum Szene-Charakter.

Wechselt sehr häufig und dementsprechend wechsel- 55 haft ist die Qualität.

Für alle, die sich nie daran gewöhnen, dass um 12 Uhr zu Mittag und um 19 Uhr zu Abend gegessen wird, ist die durchgehend warme Küche von 11.30 bis 23.30 von unschätzbarem Wert.   Eberhard Heins 60

LESEN 2

__3__ Wie werden die Gerichte beurteilt?

Kreuzen Sie an und nennen Sie die entsprechenden Worte aus dem Text.

Gericht	sehr positiv	positiv	negativ	Textstelle
Schnitzel Wiener Art	X			*zum konkurrenzlos niedrigen Preis; das höchste Lob*
Schweinebraten				
Entenbrust				
Fischfilet				
Hühnerkeulen				
gebratene Pilze auf Blattspinat mit Bratkartoffeln				
Himbeerpfannkuchen mit Vanilleeis				
gemischtes Eis mit frischen Beeren				
Kaffee				

__4__ Würden Sie in dieses Restaurant gehen?

Begründen Sie Ihre Entscheidung.

__5__ Sprechen Sie über ein Restaurant, in dem Sie kürzlich waren.

a Überlegen Sie zuerst, zu welchen Punkten Sie gern etwas sagen möchten. Orientieren Sie sich dabei an Ihren Stichpunkten aus Aufgabe 1.

Beispiele: ■ *Lage*
　　　　　 ■ *Einrichtung*
　　　　　 ■ *Speisekarte*

b Ordnen Sie Ihre Punkte nach positiven und negativen Kriterien.

c Erzählen Sie nun Ihrer Lernpartnerin/Ihrem Lernpartner von diesem Restaurant.

positive Einschätzung	negative Kritik
... liegt zentral, ist gut zu erreichen. ... ist geschmackvoll dekoriert/eingerichtet. ... hat vernünftige Preise. ... schmeckte recht ordentlich. **Für den Preis konnte man 　nicht mehr erwarten.**	... ist nur mit ... zu erreichen. **Die Einrichtung ist geschmacklos/...** ... konnte nicht überzeugen. ... war das Geld nicht wert. **Von ... hätten wir mehr erwartet.** ... ließ zu wünschen übrig.
sehr positive Einschätzung	**sehr negative Kritik**
... war einsame Spitze. ... hat prima geschmeckt. ... war ausgezeichnet. ... hat sehr günstige Preise.	... war viel zu teuer. ... hat überhaupt nicht geschmeckt. ... war total langweilig/versalzen/ 　verkocht/...

AB

5

1 Ausgehen am Abend

Lesen Sie, was junge Leute dazu erzählen. Welche Aussage
spricht Sie am meisten an? Warum?

> *Wenn ich am Freitag- oder Samstagabend mit meinen
> Freunden ausgehe, treffen wir uns meistens so gegen zehn
> Uhr und ziehen dann von einer Bar zur nächsten. Wir
> trinken überall ein bis zwei Getränke im Stehen, reden
> und lachen viel, und dann geht's weiter in die nächste
> Kneipe bis vier oder fünf Uhr morgens.*
>
> **Rafael aus Spanien**

> *Meine Freundinnen und ich gehen samstags gern in
> ein schickes Bistro, wo wir etwas essen und trinken.
> Anschließend gehen wir in die Diskothek, die gerade
> „in" ist. Dort tanzen wir viel und amüsieren uns oft
> köstlich über den Tanzstil mancher Leute. Meist gehen
> wir erst nach Hause, wenn die Disko schließt.*
>
> **Katarina aus Ungarn**

2 Wie verbringen Sie am liebsten einen Abend am Wochenende?

Unterhalten Sie sich zu dritt zu folgenden Punkten:

a Treffzeitpunkt – Größe der Gruppe – Paare – Ortswechsel – Uhrzeit/
Heimweg

b Nennen Sie zu jeder Lokalität einige Stichpunkte:
Kneipe – Restaurant – Café – Diskothek – Bistro – Club – Bar

`AB`

3 Internet-Recherche

Sie wollen sich zu Ausgehmöglichkeiten am Kursort bzw. in einer
interessanten Stadt im deutschsprachigen Raum informieren.

a Geben Sie im Internet in die Suchmaschine www.google.de
den Namen der Stadt + *ausgehen* ein, z. B.: *Freiburg + ausgehen*.
Als Alternative können Sie sich auch in einem Stadtmagazin informieren
oder in der Touristeninformation erkundigen.

b Suchen Sie eine informative Seite heraus und notieren Sie ansprechende
Lokale und Tipps. Formulieren Sie anschließend Kurzinformationen
und tragen Sie diese in der Klasse vor.
Beispiel: *In Freiburg gibt es viele Ausgehmöglichkeiten für junge Leute.
Man kann sich in der Studentenstadt z.B. im ... treffen. Dort gibt es
eine große Auswahl an ... und außerdem ...*

`AB`

4 Zu früh, zu spät oder gerade richtig?

Was meinen Sie?

Situation	zu früh	zu spät	gerade richtig
a Ein Kollege möchte sich mit Ihnen um zwölf Uhr zum Mittagessen in einer Pizzeria verabreden.			
b Um 23 Uhr klingelt plötzlich das Telefon. Eine Bekannte ruft an, um zu fragen, was Sie am Wochenende vorhaben.			
c Sie wollen mit Freunden ausgehen und treffen sich um 21.30 Uhr in einem Restaurant.			
d Eine Freundin fragt Sie, ob Sie mit ihr am kommenden Sonntag um halb zwölf in ein Café zum Frühstücken gehen.			
e Die Eltern eines Freundes laden Sie am Freitag um 18 Uhr zum Abendessen ein.			
f Sie treffen sich am Samstagabend mit einigen Freunden. Einer schlägt um 22 Uhr vor, nun in eine Diskothek zu gehen.			

LESEN 3

<u>1</u> Feinschmeckertipps aus der Zeitschrift *essen und trinken*.
Lesen Sie die fünf kurzen Texte in der linken Spalte.
Ordnen Sie jeweils den zweiten Textteil rechts zu.

A	B	C	D	E
5	2	1	3	4

A SECHS STERNE AUF SEE

Ein-Stern-Koch Josef Viehhauser (*Le Canard*, Hamburg) geht als Gastkoch an Bord des Fünf-Sterne-Kreuzfahrtschiffs *Hanseatic*. Während einer zwölftägigen Reise wird er auch Tipps und Tricks seiner Küche verraten und ein Seminar abhalten.

B EIN KÄNNCHEN FÜR SICH ALLEIN

Frühstück im Hotel – trotz üppiger Frühstücksbüfetts oft mehr Last als Lust. Der Kaffee wird nämlich immer häufiger aus großen Thermoskannen ausgeschenkt. Das Kaffeearoma bleibt dabei gewöhnlich auf der Strecke. Noch schlimmer ist der Teetrinker dran.

C ALLES AUF EINE KARTE

Im ehrwürdigen Salzburg hat die Zukunft schon begonnen.

D MENÜ MIT MODE

Gelungene Kombination: Michael Betz, Küchenchef des Traditions-Hotels *Palmenwald* in Freudenstadt, serviert ein herbstliches Festmenü.

E EDELMENÜ AUF SCHIENEN

Eigentlich wollte Frank Holzhauer, Küchenchef eines Landgasthauses bei Kassel, den alten Waggon zu einem Gästezimmer umbauen. Doch dann beschloss er, ihn in ein rollendes Edelrestaurant zu verwandeln.

1 Gäste können sich ab sofort ein komplettes Programm für Essen, Trinken und Kultur „kaufen". Sie lassen es einfach gegen Vorausbezahlung auf eine Chip-Karte oder eine Swatch-Access-Uhr laden. Dann bezahlen sie im Restaurant, im Kaffeehaus und im Museum nur noch mit einer Bewegung des Handgelenks …

2 Gelingt es ihm, einem der Kellner seinen Wunsch nach Tee mitzuteilen, bekommt er meist einen Teebeutel. Glücklich der Gast, dessen Teebeutel mit kochendem Wasser aufgebrüht wurde, denn normalerweise erhält man einen Teebeutel neben einer Kanne mit lauwarmem Wasser. Glück hat der Teetrinker auch, wenn in seiner Teekanne vorher kein Kaffee war.

3 Zwischen den Gängen präsentieren Manne- ~~model~~ quins Wintermode der deutsch-französischen Modedesignerin Annette Hardouin.

4 Dort serviert er für 14 Personen ein Menü, während der „Blaue Zug", angehängt an eine Dampflok, von Kassel nach Naumburg bummelt.

5 Die Reise geht von Kanada über Maine nach New York – zu Zielen also, die während des farbenreichen Indian Summer besonders attraktiv sind. Dass regionale Spezialitäten wie Maine-Lobster auf der Speisekarte stehen, versteht sich von selbst.

<u>2</u> Welcher Tipp sagt Ihnen zu? Warum?

GR <u>3</u> Textgrammatik
Suchen Sie in jedem Text die Wörter, die für den Zusammenhang der passenden Textteile sorgen.
Beispiel: Artikel A-5: *Während einer zwölftägigen Reise – Die Reise*

GR S. 68/1

GR <u>4</u> Suchen Sie Beispiele in den Texten für folgende Begriffspaare.
Ein Begriffspaar passt jeweils zur „Schnittstelle" eines Textes.

Ihm – der Teetrinker

a unbestimmter – bestimmter Artikel: *Während einer zwölftägigen Reise – Die Reise*
b Nomen – Umschreibung/Synonym: Waggon – Zug
c Nomen – temporales Adverb: so fort, Zuk. – schon,
d Nomen – lokales Adverb: von K über M. – da
e Nomen – Pronomen:

AB

65

HÖREN 2

__1__ Was sehen Sie auf dem Foto?
Wann isst man das?

__2__ „Wie kommt eigentlich das Salz auf die Salzstangen?"
Hören Sie die „Sachgeschichte" aus der „Sendung mit
der Maus" zunächst einmal ganz und nummerieren Sie
die Bilder in der richtigen Reihenfolge.

  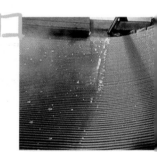

__3__ Hören Sie die Geschichte nun in Abschnitten noch einmal und
beantworten Sie nach jedem Abschnitt die Fragen in Stichworten.

	Frage	Antwort
Abschnitt 1 ⓐ	Woraus ist der Teig?	
ⓑ	Wie entsteht die Form der Salzstangen?	
Abschnitt 2 ⓒ	Wie entsteht der Geschmack?	
Abschnitt 3 ⓓ	Wie heiß werden Salzstangen gebacken?	
ⓔ	Wie lange werden sie gebacken?	
ⓕ	Wie viele Salzstangen werden hier stündlich produziert?	

GR __4__ Lesen Sie nun den gedruckten Text im Arbeitsbuch S. 67. GR S. 68/2

ⓐ Unterstreichen Sie alle Verben im Passiv.
ⓑ Ordnen Sie die Verben in den Kasten ein.

Verbform	Textstelle
Passiv Präsens im Hauptsatz	*Der Teig **wird** in einer großen Maschine **gemixt**.*
Passiv Präsens im Nebensatz	
Passiv mit Modalverb im Hauptsatz	
Passiv mit Modalverb im Nebensatz	
Zustandspassiv	

SCHREIBEN

1 **Speisen und Getränke für eine Party**

Eine Freundin/Ein Freund möchte eine Party mit einem kalten Büfett vorbereiten und braucht noch Anregungen für Speisen oder Getränke.

a Überlegen Sie zu zweit, was Sie Ihren Gästen anbieten wollen.

Speisen	Getränke
Hackfleischbällchen	Orangen-Cocktail
...	...

b Nennen Sie zunächst alle Zutaten und die Mengen, die man davon braucht. Verwenden Sie dazu die Wörter im Kasten.

Mengenangaben	
fest	flüssig
die Prise	der (halbe) Liter (l)
das Gramm (gr)	der Tropfen
das Pfund	der Teelöffel (TL)
das Kilo (kg)	der Esslöffel (EL)
der Teelöffel (TL)	
der Esslöffel (EL)	

Beispiel: *1 Kilo Kartoffeln, 2 Esslöffel Öl, ...*

c Zubereitung
Ordnen Sie folgende Verben bzw. verbale Ausdrücke den Zeichnungen zu. Die Ausdrücke können Ihnen bei der Beschreibung der Zubereitung hilfreich sein.

im Ofen backen   schälen

vermischen, hineinrühren

würzen

auf kleiner Flamme kochen

in Würfel/Streifen/Scheiben schneiden

2 **Schreiben Sie ein Rezept für eine Speise oder ein Mixgetränk.**

a Orientieren Sie sich an folgender äußerer Form.

> Zutaten:
> Zubereitung:
> Zeichnung:

b Formulieren Sie die Sätze im Passiv.
Beispiel: *Die Kartoffeln werden in Würfel geschnitten.*

c Verbinden Sie die Sätze mit Wörtern wie *zuerst, dann, anschließend, gleichzeitig, am Schluss.*

d Lesen Sie Ihre Rezepte in der Klasse vor und besprechen Sie, welche Speisen Sie für Ihre Kursabschlussparty zubereiten könnten.

AB

1 Textgrammatik

Texte haben eine Struktur. Sie entsteht dadurch, dass die einzelnen
Sätze durch verschiedene Verknüpfungen wie durch Fäden zusammen-
gehalten werden. Die wichtigsten Verknüpfungen sind:

a	unbestimmter Artikel (neu) – bestimmter Artikel (bekannt)	*Während einer zwölftägigen Reise wird ein Kochseminar abgehalten. Die Reise geht von Kanada über Maine nach New York.*
b	Satzglied oder Satz – temporales Adverb	*Im ehrwürdigen Salzburg hat die Zukunft schon begonnen. Gäste können sich ab sofort ein komplettes Programm kaufen.*
c	Satzglied oder Satz – lokales Adverb	*Der Küchenchef Frank H. hat einen alten Eisenbahnwaggon in ein rollendes Edelrestaurant verwandelt. Dort serviert er für 14 Personen ein Menü.*
d	Nomen – Pronomen	*Noch schlimmer ist der Teetrinker dran. Gelingt es ihm, einem Kellner seinen Wunsch mitzuteilen, bekommt er meist einen Teebeutel.*
e	Nomen – Synonym bzw. Umschreibung	*Der Küchenchef serviert ein festliches Menü. Zwischen den Gängen präsentieren Mannequins Wintermode.*

5

2 Passiv

ÜG S. 110 ff.

a Das Vorgangspassiv bildet man aus einer Form des Verbs *werden* + Partizip II.

einfache Formen

Präsens	Präteritum	Perfekt	Plusquamperfekt
ich werde gefragt	ich wurde gefragt	ich bin gefragt worden	ich war gefragt worden

Formen mit Modalverb

Präsens	*Der Küchenchef muss vorher gefragt werden.*
Präteritum	*Der Küchenchef musste vorher gefragt werden.*
Perfekt	*Der Küchenchef hat vorher gefragt werden müssen.*

Stellung der Verben im Nebensatz

Präsens	*... , weil der Küchenchef vorher gefragt werden muss.*
Präteritum	*... , weil der Küchenchef vorher gefragt werden musste.*

b Zustandspassiv

ÜG S. 114

Das Zustandspassiv bildet man aus einer Form des Verbs *sein* + Partizip II.
Der Zustand ist das Resultat eines Vorgangs.

Präsens	Präteritum
Nach wenigen Minuten sind die Salzstangen knusprig gebacken.	Nach wenigen Minuten waren die Salzstangen knusprig gebacken.

6

1 Was sehen Sie auf dem Foto?

a Wer sind die Personen?
b Woher kommen sie?
c Was tun sie gerade?
d Warum?

2 Ein ungleiches Paar

Beschreiben Sie die Gegensätze dieser beiden Personen.
< *die Hautfarbe – die Kleidung – die Körpergröße*

3 Lesen Sie die kurze Inhaltsangabe eines Films.

Was erzählt der Film wohl über die beiden Personen?

Die fünfjährige Regina beginnt 1937 mit ihren Eltern,
Jettel und Walter, auf einer einsam gelegenen Farm in
Kenia ein neues Leben. Dort führt die jüdische Familie ein
ärmliches – aber sicheres – Leben fern von ihrer Heimat
Deutschland. Regina entdeckt während der Jahre fernab
von den Kriegswirren und der Verfolgung in Europa den
Zauber Afrikas. Eine Schlüsselfigur für die Entdeckungs-
reise zu den Menschen dieses Kontinents ist Owuor, der
afrikanische Koch der Familie.

_1_ Welche deutschsprachigen Regisseure kennen Sie?

Was wissen Sie über diese Person/en?

_2_ Lesen Sie die Kurzbiographie.

Die junge Filmemacherin Caroline Link kann schon jetzt auf eine beachtliche Karriere zurückblicken. Zwei ihrer drei Kinofilme wurden für den Oscar in der Kategorie „Bester
5 nicht-englischsprachiger Film" nominiert – eine Ehre, von der viele Regisseure ein Leben lang vergeblich träumen. Und im zweiten Anlauf bekam sie die Auszeichnung für den Film „Nirgendwo in Afrika" tatsächlich verliehen.
10 Dabei wollte Caroline Link, die 1964 im hessischen Bad Nauheim geboren wurde, eigentlich Kamerafrau werden. Seit 1978 lebt sie – abgesehen von einem einjährigen Abstecher in die USA nach dem Abitur – in München, wo sie wäh-
15 rend eines Praktikums in den Bavaria Filmstudios einige Monate lang technische Filmerfahrung sammelte und von 1986 bis 1990 an der Hochschule für Fernsehen und Film studierte.
Schon während des Studiums arbeitete sie für diverse Fern-
20 sehsender an verschiedenen TV- und Filmprojekten mit, später erhielt sie mehrere Drehbuch- und Regieaufträge für Dokumentar- und Werbefilme. 1992 drehte sie für das Zweite Deutsche Fernsehen. In dem Kinderfilm „Kalle, der Träumer" geht es um einen Jungen, der sich mit seiner
25 blühenden Phantasie das Leben schöner träumt. Schon hier wird Links filmisches Interesse deutlich: Im Mittelpunkt ihrer Filme stehen unspektakuläre Personen und das Besondere in ihrem Alltag.

In ihrem Debütfilm „Jenseits der Stille" (1996) schildert die Regisseurin mit poetischen Bildern 30 und witzigen Dialogen das Heranwachsen eines Mädchens, dessen Eltern gehörlos sind. Gegen den Willen ihrer Eltern möchte die Tochter schließlich Musikerin werden.
Ihr zweiter Kinofilm ist eine Adaption von Erich 35 Kästners beliebtem Kinderbuch „Pünktchen und Anton", in der sie die Freundschaft zwischen der quirligen Tochter aus gutem Hause und dem armen Jungen einer schwerkranken Mutter vom Berlin der 20er Jahre ins München des 40 21. Jahrhunderts verlegt. Der Zuschauererfolg wurde 1999 mit dem Bayerischen Filmpreis für den besten Kinderfilm prämiert.
Um von ihrem Image als Kinderfilmregisseurin wegzukommen, das man ihr in der Folge aufdrückte, verfilmte Link als 45 Nächstes „Nirgendwo in Afrika", den autobiographischen Roman von Stefanie Zweig. Erzählt wird die Geschichte einer jüdischen Familie, die vor den Nazis nach Kenia flüchtet. Der Publikumsmagnet gewann beim Deutschen Filmpreis 5 Lolas, unter anderem als „Bester Film" und für 50 die „Beste Regie", wurde für den Golden Globe nominiert und erhielt im Jahre 2003 den Oscar für den besten ausländischen Film. Mit ihrem Lebensgefährten, dem Regisseur Dominik Graf, hat sie die gemeinsame Tochter Pauline, die 2002 geboren wurde. Bleibt abzuwarten, womit uns die 55 erfolgreiche Filmemacherin in Zukunft überraschen wird.

_3_ Tabellarischer Lebenslauf von Caroline Link

ⓐ Bringen Sie die Ereignisse in die richtige zeitliche Reihenfolge.
Geben Sie das Jahr an.

geboren in Bad Nauheim – Praktikum in den Bavaria Filmstudios – Film über das Leben einer Tochter gehörloser Eltern – Abitur in München – Geburt der Tochter – Aufenthalt in den USA – Auslands-Oscar für „Nirgendwo in Afrika" – Studium an der Hochschule für Fernsehen und Film – Verfilmung eines Kinderbuches von Erich Kästner – erster Fernsehfilm „Kalle, der Träumer"

1964   geboren in Bad Nauheim
19..   ...

ⓑ Fomulieren Sie ganze Sätze zu Caroline Links Lebenslauf.

Beispiel: *Caroline Link wurde 1964 in Bad Nauheim geboren.*
Sie legte ihr Abitur ... ab.

GR _4_ Suchen Sie aus dem Text alle Relativsätze heraus.   GR S. 80/1

In welchem Kasus steht das Relativpronomen? Gehört eine Präposition dazu?

Wer?	Präposition	Relativpronomen	Kasus
Eine **Ehre**, *von der* viele Regisseure ein Leben lang träumen.	*von*	*der*	*Dativ*
...			

GR 5   **Bekannte deutsche Regisseure.**

Bilden Sie Relativsätze nach folgendem Beispiel.

Margarethe von Trotta führte in „Katharina Blum" gemeinsam mit **Volker Schlöndorff** Regie. Sie heiratete <u>ihn</u> 1971.

*Margarethe von Trotta führte in „Katharina Blum" gemeinsam Regie mit Volker Schlöndorff, **den** sie 1971 **heiratete.***

ⓐ Margarethe von Trotta ist eine bekannte Regisseurin. <u>Ihr</u> ist das Thema „Frau in der Gesellschaft" wichtig.

ⓑ Tom Tykwer ist Regisseur **des Films „Lola rennt".** <u>Mit diesem Film</u> wurde er international bekannt.

ⓒ Der Film „Heaven" war Tom Tykwers erste internationale Produktion. <u>Sein Drehbuch</u> stammt erstmals nicht vom Regisseur.

ⓓ Caroline Link hat ihren Lebensmittelpunkt in **München.** <u>In dieser Stadt</u> besuchte sie auch die Hochschule für Fernsehen und Film.

GR 6   **Ergänzen Sie die Regeln zum Relativsatz.**

Formen	Formen des Relativpronomens = Formen des bestimmten Artikels	*die Frau, die die Hauptrolle spielte* *der Mann, der die Hauptrolle spielte* *der Mann, dem man die Hauptrolle gab*
	nur nicht im _____	*Frauen, denen man die Hauptrolle gab* *Männer, denen man die Hauptrolle gab*
	und im _____	*der Schauspieler, dessen Rolle schwierig war* *die Schauspielerin, deren Rolle schwierig war* *das Filmteam, dessen Arbeit schwierig war*
Verb/Adjektiv + _____	z.B. *wütend sein auf + Akk.* z.B. *mitarbeiten an + Dat.*	*der Schauspieler, auf den der Regisseur wütend war* *verschiedene TV-Produktionen, an denen sie mitarbeitete*
nach Pronomen	z.B. *nichts, alles, etwas, vieles* Relativpronomen: _____	*Sie liebte alles, was außergewöhnlich war.*
nach ganzem Satz	*was, womit* usw., wenn sich das Relativpronomen auf einen _____ bezieht.	*Wir haben heute im Unterricht einen Film gesehen, was ich mir seit langem gewünscht hatte.*

AB

GR 7   **Ergänzen Sie die Sätze.**

ⓐ Mit 18 Jahren kommt Margarethe von Trotta zum ersten Mal nach Paris, w_____ sie die Faszination des Films erfährt.

ⓑ „Rosenstraße" ist ein Film, in _____ dargestellt wird, wie Frauen während der Hitler-Diktatur erfolgreich Widerstand leisten.

ⓒ „Lola rennt" war in den USA einer der erfolgreichsten nicht-amerikanischen Filme, d_____ jemals im US-Kino gezeigt wurden.

ⓓ Thematisch gibt es vieles, w_____ sich der in Berlin lebende Tom Tykwer befasst.

ⓔ Tykwers vierter Film, „Der Krieger und die Kaiserin", bei _____ er erneut mit Lola-Darstellerin Franka Potente zusammenarbeitete, lief in mehr als 20 Ländern im Kino.

AB

1   Was fällt Ihnen zum Thema *Film* spontan ein?

das Kino

die schauspielerin   Film   *spannend*

die Rolle

2   Ordnen Sie die Wörter aus Aufgabe 1 in die vier Gruppen.

Wer?	Was?	Wo?	Wie?
die Schauspielerin	*die Rolle*	*das Kino*	*spannend*

`AB`

3   Was machen
diese beiden Leute
wohl beim Film?

4   Wer macht was bei einer Filmproduktion?
Ordnen Sie zu.
die Drehbuchautorin – der Kameramann – der Kostümdesigner –
der Maskenbildner – die Produzentin – die Regisseurin

a ....

- den Film einlegen
- Aufnahmen von den Drehorten machen
- die Kamera bedienen

c ....

- das Drehbuch aussuchen
- die Werbung für den Film organisieren
- alle Mitarbeiter engagieren

e *der Kostümdesigner*

- die Kostüme entwerfen
- die Kleidung der Figuren aussuchen
- die Kleidung vor den Aufnahmen kontrollieren

b ....

- die Schauspieler schminken
- die Schauspieler für die Aufnahmen vorbereiten
- die Darsteller frisieren

d ....

- sich Bewegungen zu den Texten ausdenken
- den Schauspielern die Szenen erklären
- die Schauspieler einen Text sprechen lassen

f ....

- ein Filmskript schreiben
- aus einer literarischen Vorlage ein Drehbuch machen
- Dialoge schreiben

5   Welche Art von Filmen mögen Sie, welche nicht?
Kreuzen Sie an und suchen Sie passende Adjektive.

Ja	Nein	Filmgenre	Adjektive
X		der Abenteuerfilm	*aufregend, spannend*
		die Komödie	
		der Kriminalfilm	
		der Liebesfilm	
		die Literaturverfilmung	
		der Stummfilm	
		der Zeichentrickfilm	

`AB`

SPRECHEN 1

1 „Nirgendwo in Afrika"
- (a) Was fällt Ihnen zu diesem Filmtitel ein?
- (b) Was wissen Sie bereits über diesen Film?

2 Willkommen
- (a) Sehen Sie die Filmszene **ohne** Ton. (DVD-Zählwerk 16.01–17.55)
  - Wo spielt die Szene? Was passiert?
  - Wer sind die vier Personen? Welche Beziehungen verbinden sie miteinander? Woran erkennen Sie das?
  - Wie wird das Mädchen von dem Einheimischen empfangen? Wie reagiert sie darauf?
- (b) Sehen Sie die Szene nun noch einmal **mit** Ton.
  - Wie verständigen sich die Personen?
  - In welcher Sprache werden Sie wohl in Zukunft miteinander sprechen?

3 Abschied
- (a) Lesen Sie das Gespräch unten.
  - Worum geht es hier?
  - Wer sagt das? Ordnen Sie die Personen zu: Reginas Vater Walter (W), Owuor (O), Regina (R).

Owuor

Regina

Walter

W Was machst du denn hier?

☐ Ich warte auf die Sonne.

☐ Und warum? Willst du den Hund auf dem Markt verkaufen?

☐ Ich wollte nicht, dass du mich so siehst. Rummler und ich gehen auf eine lange Safari.

☐ Wer zuerst auf Safari geht, hat trockene Augen.

☐ Sag der kleinen Memsaab „Auf Wiedersehen!".

☐ Soll ich ihr sagen: Owuor ist fort und wollte dich nicht wiedersehen?

☐ **Die kleine Memsaab wird das verstehen. Sie versteht immer alles. Sie hat Augen und ein Herz wie wir.**

☐ Owuor muss gehen. Oder willst du, dass sein Herz eintrocknet? Er will nicht sterben!

☐ Jetzt hör mal auf mit diesem Quatsch! An einem Abschied stirbt man nicht, sonst wäre ich schon längst tot.

☐ Du musst mich noch mal hochheben, so wie in Rongai an meinem ersten Tag.

☐ Du darfst nicht gehen. Du willst doch gar nicht auf Safari.

☐ Pass auf den Buana auf, er ist noch wie ein Kind. Du bist klug, du musst ihm den Weg zeigen.

- (b) Sehen Sie sich nun die Szene <u>im Film</u> an und vergleichen Sie. (DVD-Zählwerk 2.06.12–2.09.06)
  - Wie gehen die Personen mit dem Abschied um? Erklären Sie die **fett** gedruckten Dialogstellen.
  - Wie viel Zeit ist zwischen Ankunft und Abschied wohl vergangen?
  - Was hält Owuor von Regina? Warum hat sie mehr Verständnis für ihn als Walter?

4 Die Szenen „Willkommen" und „Abschied"
Wie zeigt die Regisseurin Caroline Link die Begegnung der Kulturen?

1 Was sehen Sie auf dem Foto?

a Wer ist zu sehen? **b** Wo sind die Personen? **c** Was tun sie?

2 Lesen Sie zu diesem Foto den Artikel aus einem Filmlexikon.

Welche Überschrift passt zu den Abschnitten 1 bis 4?

Bedeutung für die Filmgeschichte	Inhalt des Films	Daten zum Film	Leistungen des Regisseurs, des Komponisten usw.
			4

Der blaue Engel

1 Deutschland, 1930; Regie: Joseph von Sternberg; Drehbuchautor: Carl Zuckmayer u.a.; nach dem Roman *Professor Unrat* von Heinrich Mann; Darsteller: Emil Jannings, Marlene Dietrich u.a.

5 **2** Professor Immanuel Rath, von seinen Schülern „Unrat" genannt, ist Englischlehrer am Gymnasium in einer deutschen Kleinstadt. Er findet heraus, dass seine Schüler jeden Abend in das Nachtlokal *Der blaue Engel* gehen, weil sie die Sängerin Lola sehen wollen.
10 Er will die Sängerin zur Rede stellen. Aus diesem Grund geht er selber in das Lokal. Doch als er Lola persönlich kennen lernt, verliebt er sich in sie. Er verzichtet auf seine Stelle als Professor, um mit ihr auf Tournee zu gehen. So reist er mit Lola herum und
15 muss sich seinen Lebensunterhalt als Clown verdienen. Schon bald geht es mit Rath bergab, denn Lola verliert das Interesse an ihm. Als Rath in seiner Hei-matstadt im *Blauen Engel* auftreten muss, kommt es zum Skandal. Rath beobachtet Lola beim Flirt mit einem anderen Mann. Daraufhin versucht er sie zu erwürgen. 20 Deshalb steckt man ihn in eine Zwangsjacke. In der Nacht, als er wieder frei ist, kehrt Rath heimlich zurück in sein altes Klassenzimmer und stirbt.

3 Der Film ist einer der wenigen Welterfolge des deutschen Tonfilms. Trotzdem war er umstritten. 25 Der Regisseur Sternberg hatte Heinrich Manns Roman nämlich an entscheidenden Punkten verändert. Der Held des Films ist nicht unsympathisch, obwohl Mann 1905 eine negative Figur geschaffen hatte.

4 Die schauspielerischen Leistungen, die kluge Regie 30 und die passende Musik von Friedrich Hollaender sind bemerkenswert. Lieder wie *Ich bin von Kopf bis Fuß auf Liebe eingestellt* wurden weltbekannt und machten die Dietrich zum Star.

3 Unterstreichen Sie alle Schlüsselwörter in Absatz 2.

Beantworten Sie dann die folgenden Fragen.

a Wo spielt der Film?
b Welchen Beruf haben die beiden Hauptpersonen?
c Wo und **warum** lernen sie sich kennen?

d Wie entwickelt sich ihr Verhältnis?
e Wie endet der Film?

LESEN 2

GR **4**   **Funktion von Konnektoren**   GR S. 80/2

Unterstreichen Sie in Abschnitt 2 und 3 Wörter, die Sätze verbinden.
Ordnen Sie diese Konnektoren nach ihrer Funktion in die drei Spalten.

kausal: Grund	konzessiv: Gegengrund	andere
Die Schüler gehen in das Nachtlokal, <u>weil</u> sie die Sängerin Lola sehen wollen.	*Der Film ist ein Welterfolg. <u>Trotzdem</u> war er umstritten.*	*Er findet heraus, <u>dass</u> seine Schüler jeden Abend in das Nachtlokal DER BLAUE ENGEL gehen.*

GR **5**   **Konnektoren: gleiche Funktion – verschiedene Struktur**

Ergänzen Sie die Sätze. Achten Sie auf die Wortstellung.

Mit Rath geht es bergab,	denn	Lola **verliert** bald das Interesse an ihm.
Er will die Sängerin zur Rede stellen.	Aus diesem Grund	...
Er verzichtet auf seine Stelle,	weil	...
Weil er mit ihr auf Tournee **gehen will**,		...

`AB`

GR **6**   **Analysieren Sie die Wortstellung.**

ⓐ Wo steht das Verb in den verschiedenen Satzstrukturen?
ⓑ Was passiert, wenn der Nebensatz vor dem Hauptsatz steht?
ⓒ Welche Satzstruktur passt zu folgenden Konnektoren?

Hauptsatz + *Hauptsatz*	Hauptsatz + _____	Hauptsatz + _____
darum, deshalb, deswegen, trotzdem	da, obwohl, weil	denn, aber

GR **7**   **Kausale Satzverbindungen**

Bilden Sie sinnvolle Sätze nach dem folgenden Beispiel.

Heike schaut sich gern alte Filme an.   Sie interessiert sich für Filmgeschichte.
Heike schaut sich gern alte Filme an, <u>denn</u> sie interessiert sich für Filmgeschichte.
Heike interessiert sich für Filmgeschichte. <u>Deshalb</u> ...
Heike schaut sich gern alte Filme an, <u>weil</u> ...

ⓐ *Dieser Film war für Marlene Dietrich sehr wichtig.*   Er war der Anfang ihres Welterfolgs.
ⓑ *Der blaue Engel* ist einer der besten deutschen Filme. Ich empfehle dir, ihn mal anzuschauen.

`AB`

GR **8**   **Konzessive Satzverbindungen**

Bilden Sie sinnvolle Sätze nach dem folgenden Beispiel.
Lola ist keine passende Frau für ihn.   Der Professor verliebt sich in sie.
<u>Obwohl</u> Lola keine passende Frau für ihn ist, verliebt sich der Professor in sie.
Lola ist <u>zwar</u> nicht die passende Frau für ihn. <u>Trotzdem</u> verliebt der Professor sich in sie.

ⓐ Ich mag eigentlich keine Schwarz-Weiß-Filme.   *Der blaue Engel* interessiert mich.
ⓑ Der Professor verliebt sich in Lola.   Ihre Welt bleibt ihm suspekt.

`AB`

GR **9**   **Spiel: Begründungen**

Jede/r schreibt ein Tier oder den Namen eines Prominenten auf einen
Zettel, faltet den Zettel und gibt ihn verdeckt an die Nachbarin/den
Nachbarn weiter, die/der einen Ort auf die freie Seite des Zettels
schreibt. Die Zettel werden gemischt und verteilt. Jede/r stellt eine
Frage mit *warum*, die Nachbarin/der Nachbar antwortet. Beispiele:

	das Krokodil das Sofa

Frage	Antwort
Das Krokodil liegt auf dem Sofa. **Warum** denn wohl?	Es ist müde. **Deshalb** will es schlafen.

`AB`

<u>1</u>   Sehen Sie sich die Kinowerbung an.

     (a) Welches Filmplakat finden Sie interessant? Warum?

     (b) Worum geht es in den Filmen wohl?   AB

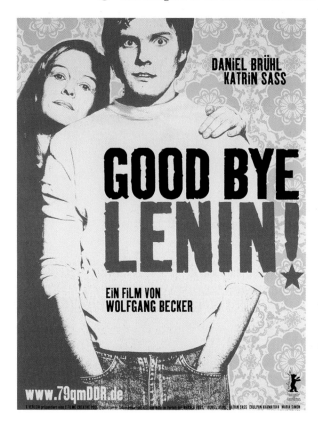

<u>2</u>   Einen Videoabend für den Kurs planen

Sie möchten im Kurs einen Videoabend organisieren. Zu zweit besprechen Sie die Einzelheiten. Machen Sie sich für das Gespräch einige
Notizen.

- ■ Wann? Tag? Uhrzeit?
- ■ Wo?
- ■ Wie oft?
- ■ Was für Filme?
- ■ Woher die Filme?
- ■ Was noch?

Vorschläge machen und begründen	auf den Vorschlag eingehen	eine Entscheidung treffen
Was hältst du/halten Sie von ...	Das ist eine gute Idee.	Also, ich schlage vor, wir ...
Wie wär's mit ...	Das ist ein guter Vorschlag.	Also, ich bin für ...
Ich schlage vor, ...	Ich hätte (vielleicht) eine bessere Idee.	Also, dann sollten wir ...
Wir könnten natürlich auch ...	Dann sollten wir aber ...	Gut, dann lass uns doch ...
Dazu brauchen wir ...		

                                                                AB

SCHREIBEN

1 **Unterstreichen Sie im folgenden Zitat alle Adjektive.**
Ordnen Sie sie nach positiver und negativer Bedeutung.

Joseph von Sternberg formte das Bild, das zur Legende werden sollte: das Bild der sinnlichen, dekadenten Blondine, die in einer überfüllten Kneipe durch Wolken von Zigarettenrauch ihre Lieder singt, einer amoralischen Verführerin, die Beine und Strumpfbänder sehen lässt. Sie war anders als alle Filmstars vor ihr – weder eine anhängliche Naive noch ein männermordender Vamp, sondern eine kühle, selbstsichere Frau. Sie war zugleich begehrenswert und schwer zu fassen, scheinbar weich, in Wirklichkeit aber stahlhart.

positiv	negativ
sinnlich	dekadent

2 **Artikel für die Kurszeitung: Meine Lieblingsschauspielerin**
Bereiten Sie zu zweit einen Artikel für eine Kurszeitung vor. Arbeiten Sie in folgenden Schritten.

Schritt 1

Sammeln
Sammeln Sie zuerst Ideen und Informationen zu Ihrer Lieblingsschauspielerin. Recherchieren Sie dazu in Zeitschriften oder Büchern. Notieren Sie alles, was Ihnen einfällt bzw. was Sie erfahren, auf einem Blatt Papier. Sammeln Sie auch Fotos.

Schritt 2

Ordnen
Notieren Sie Stichpunkte zu den folgenden Aspekten.

■ Name ■ Alter ■ Nationalität	■ Aussehen ■ Charakter/Typ ■ besonders interessant/ sympathisch	■ Filmtitel (möglichst international bekannt) ■ Art von Film ■ Worum geht es in dem Film?

Schritt 3

Gliedern
Nummerieren Sie bei den folgenden Gliederungspunkten mit 1, was Sie am Anfang sagen wollen, und mit 7, was Sie zuletzt beschreiben wollen.
- ☐ Beschreiben Sie, was typisch für diese Schauspielerin ist.
- ☐ Falls es keine international bekannte Person ist: Erklären Sie, womit sie in Ihrem Heimatland bekannt geworden ist.
- ☐ Sagen Sie, um wen es sich handelt.
- ☐ Vergleichen Sie Ihre Lieblingsschauspielerin mit Marlene Dietrich.
- ☐ Geben Sie einige Informationen über sie.
- ☐ Berichten Sie von einem Film, in dem sie mitspielt.
- ☐ Fassen Sie in drei Sätzen zusammen, worum es in dem Film geht.

Schritt 4

Ausformulieren
Sehen Sie sich dazu noch einmal Seite 72 zum Wortschatz und das Textbeispiel unter Nummer 1 oben an.
Notieren Sie sich Wörter, die Sie verwenden wollen.
Sie könnten Ihren Text so beginnen:

Unsere Lieblingsschauspielerin ist/heißt ... . Sie ist ... . Sie hat zum Beispiel in Filmen wie ... mitgespielt. Sie spielt meistens ... Frauen. In dem Film, den ich zuletzt/vor einiger Zeit gesehen habe, ist sie eine ... .

3 **Lesen Sie Ihren Artikel in der Klasse vor.** AB

_1_ **Sehen Sie sich das Foto an.**
Wie alt ist Marlene Dietrich hier wohl?

_2_ **Hören Sie die erste Strophe eines Liedes.**
Wie ist die Stimmung, die Atmosphäre?
angenehm – komisch – sachlich – ernst –
melancholisch – traurig – warm – witzig

_3_ **Hören Sie das Lied jetzt einmal ganz.**
Welche Beziehung gibt es zwischen diesen Wörtern?
Verbinden Sie mit Pfeilen und erklären Sie.

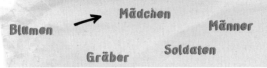

_4_ **Lesen Sie den Liedtext.**
Unterstreichen Sie die Zeilen, die in jeder Strophe
neu sind. Was fällt Ihnen an der Form auf?

Sag mir, wo die Blumen sind

1 *Sag mir, wo die Blumen sind.*
Wo sind sie geblieben?
Sag mir, wo die Blumen sind.
Was ist geschehn?
Sag mir, wo die Blumen sind.
Mädchen pflückten sie geschwind.
Wann wird man je verstehn,
wann wird man je verstehn?

2 *Sag mir, wo die Mädchen sind.*
Wo sind sie geblieben?
Sag mir, wo die Mädchen sind.
Was ist geschehn?
Sag mir, wo die Mädchen sind.
Männer nahmen sie geschwind.
Wann wird man je verstehn,
wann wird man je verstehn?

3 *Sag mir, wo die Männer sind.*
Wo sind sie geblieben?
Sag mir, wo die Männer sind.
Was ist geschehn?
Sag mir, wo die Männer sind.
Zogen fort, der Krieg beginnt.
Wann wird man je verstehn,
wann wird man je verstehn?

4 *Sag, wo die Soldaten sind.*
Wo sind sie geblieben?
Sag, wo die Soldaten sind.
Was ist geschehn?
Sag, wo die Soldaten sind.
Über Gräbern weht der Wind.
Wann wird man je verstehn,
wann wird man je verstehn?

5 *Sag mir, wo die Gräber sind.*
Wo sind sie geblieben?
Sag mir, wo die Gräber sind.
Was ist geschehn?
Sag mir, wo die Gräber sind.
Blumen blühn im Sommerwind.
Wann wird man je verstehn,
wann wird man je verstehn?

6 *Sag mir, wo die Blumen sind.*
Wo sind sie geblieben?
Sag mir, wo die Blumen sind.
Was ist geschehn?
Sag mir, wo die Blumen sind.
Mädchen pflückten sie geschwind.
Wann wird man je verstehn,
wann wird man je verstehn?

_5_ **Worum geht es in diesem Lied?**
Kennen Sie ein ähnliches Lied in Ihrer Sprache? Berichten Sie in der Klasse. `AB`

GR _6_ **Indirekte Fragen** GR S. 80/3
Stellen Sie sich zu zweit Fragen. Einer fragt, der andere antwortet, und umgekehrt.
Beispiele: *Sag mir,* **wann** *du geboren* **bist.**
Weißt du noch, **wie** *der wichtigste Film der Dietrich* **heißt?**

der wichtigste Film der Dietrich – der Spitzname des Professors in diesem Film –
besonders typisch für Marlene Dietrich – der Autor des Romans – Fanbriefe pro Tag –
Alter von Marlene Dietrich – sie außer Schauspielerin noch war `AB`

1   **Sehen Sie sich die beiden Fotos an.**
   ⓐ Welches Bild gefällt Ihnen besser?
   ⓑ Um welches Thema könnte es jeweils gehen?
   ⓒ Was fällt Ihnen dazu ein? Sammeln Sie einige Assoziationen.

2   **Wählen Sie eines der beiden folgenden Themen für Ihr Projekt.**
   ⓐ Welche deutschen Filme sind in meiner Umgebung bekannt und beliebt?
   ⓑ Wie werden die Deutschen in Filmen dargestellt?

3   **Machen Sie mit Hilfe des Fragebogens ein Interview.**
   Befragen Sie
   ■ einige Bekannte und
   ■ eine/n deutschsprachige/n Bekannte/n.
   Notieren Sie die Antworten in dem Fragebogen.

Fragebogen

Deutsche Filme	Deutsche im Film
1 Welche Schauspieler sind bekannt?	1 Film, in dem ein Deutscher die Hauptfigur ist
2 Welche Schauspieler mögen Sie persönlich?	2 Rolle des Deutschen?
3 Deutsche Regisseure?	3 Rolle der Deutschen/häufig?
4 Deutsche Filme/wo gezeigt?	4 Typen? (angenehm – unangenehm, witzig – humorlos, streng – locker)
5 Wie häufig?	5 Beispiel?
6 Zwei Filmtitel der letzten Jahre?	6 Charakter?
7 Was für Filme?	7 Wirkung dieser Filme? (positiv – negativ)
8 Was für Themen?	

4   **Tragen Sie Ihre Ergebnisse in der Klasse vor.**
   Vergleichen Sie die Antworten der deutschsprachigen und der nicht-
   deutschsprachigen Bekannten.

GRAMMATIK
Relativsätze; kausale, konzessive Konnektoren; indirekte Fragen

1 **Relativsätze** ÜG S. 154 ff.

ⓐ Relativpronomen

	maskulin	feminin	neutral	Plural
Nominativ	der	die	das	die
Akkusativ	den	die	das	die
Dativ	dem	der	dem	denen
Genitiv	dessen	deren	dessen	deren

Zum Vergleich der bestimmte Artikel im Genitiv: m: *des*, f: *der*, n: *des*, Pl.: *der*; Dativ Pl.: *den*

ⓑ Verb + Präposition + Relativpronomen

Eine Ehre, von der viele Regisseure ein Leben lang träumen.
Tykwer ist der Regisseur des Films „Lola rennt", mit dem er international bekannt wurde.

ⓒ Relativpronomen beziehen sich auf einen ganzen Satz: *was, womit, worüber* usw.

Endlich war der Film fertig, worüber sie sich sehr freute.
Caroline Link erhielt für ihren Film einen Oscar, was sie sehr stolz machte.

ⓓ Relativpronomen beziehen sich auf die Pronomen *nichts, alles, etwas* usw.

Es gab nichts, was sie aus der Ruhe brachte.
Thematisch gibt es vieles, womit sich der in Berlin lebende Tom Tykwer befasst.

ⓔ Wortstellung

	Relativsatz	
Caroline Link,	die 1964 geboren wurde,	wollte eigentlich Kamerafrau werden.
In diesem Film geht es um einen Jungen,	der sich das Leben schöner träumt.	

ⓕ Alternativ zum Relativpronomen:

der Ort, in dem ich wohne ... = der Ort, wo ich wohne ...

2 **Kausale und konzessive Konnektoren** ÜG S. 168/176

ⓐ Funktion

Gruppe	kausal = Grund	konzessiv = Einräumung
1. HS + HS (Konnektor auf Position 0)	denn	aber
2. HS + HS (Konnektor auf Position 1 oder 3)	deshalb – deswegen – daher – darum – aus diesem Grund	trotzdem – dennoch
3. HS + NS	weil + da	obwohl

HS = Hauptsatz; NS = Nebensatz

ⓑ Satzstruktur

1. *Mit Rath geht es bergab,*	**denn**	*Lola verliert bald das Interesse an ihm.*
2. *Er will die Sängerin zur Rede stellen.*	Aus diesem Grund	*geht er selber in das Lokal.*
3. *Er ärgert sich,*	weil	*seine Schüler in ein Nachtlokal gehen.*
Obwohl *Rath Lolas Welt suspekt findet,*		*verliebt er sich in die Sängerin.*

3 **Indirekte Fragen** ÜG S. 142

	Fragewort	Ergänzungssatz	Endposition Verb
Keiner weiß,	was	aus dem Pianisten	geworden ist.
Jeder weiß,	wie	die Karriere der Dietrich weiter	verlaufen ist.
Sag mir,	wo	die Blumen	sind.

7

<u>1</u>   **Wie wirkt das Bild auf Sie?**
positiv/negativ – optimistisch/pessimistisch –
authentisch/unecht

<u>2</u>   **Machen Sie sich zu zweit Notizen
zu den folgenden Stichpunkten.**

a Was können Sie über die beiden Personen
vorn auf dem Foto sagen?

Alter etwa _____

Aussehen _____

Nationalität wahrscheinlich _____

Beruf vielleicht _____

c Welche Beziehung besteht wohl zwischen
den Personen? Kreuzen Sie an.

☐ Fremde   ☐ Schulkameraden
☐ Freunde   ☐ Nachbarn
☐ Bekannte

Warum glauben Sie das?

b Was passiert gerade?

_____

Was ist vielleicht vorher passiert?

_____

Was passiert vielleicht danach?

_____

d Wo spielt die Szene wohl? Kreuzen Sie an.

☐ in der Stadt   ☐ in Deutschland
☐ auf dem Land   ☐ woanders

Warum glauben Sie das?

<u>3</u>   **Hören Sie eine Beschreibung des Fotos.**
Vergleichen Sie Ihre Interpretation mit der
gehörten.

a Was ist gleich?
b Wo liegen die Unterschiede?

1 Erste Orientierung vor dem Lesen

a Was erwarten Sie nach dem Lesen der Überschrift?

b Aus was für einer Quelle stammt der Text wohl?

☐ aus einem Reiseführer ☐ aus einem Sachbuch

☐ aus einem Tagebuch ☐ aus einer Zeitung

2 Lesen Sie den ganzen Text ohne Wörterbuch.

DDR, BRD, Welt

Axel Brümmer und Peter Glöckner haben auf dem Fahrrad die Erde umrundet: fünf Jahre von Saalfeld nach Saalfeld

1

Am 29. Juni 1990 hatten der Erzieher Axel Brümmer, 23, und der Schlosser Peter Glöckner, 21, Saalfeld in Thüringen verlassen, um
5 „mal alles anzugucken". Sie nahmen ihre Pässe, ein bisschen DDR-Geld, das drei Tage später als Währung aus der Welt verschwinden sollte, und stiegen auf ihre Rä-
10 der, der noch bewachten, aber nicht mehr geschlossenen Westgrenze entgegen.

2

Viele der Menschen, die sie auf dem Saalfelder Marktplatz verab-
15 schiedeten, müssen gedacht haben, dass sie in ein, zwei Monaten wohl wieder da wären. Denn die Erde auf dem Fahrrad zu umrunden, aus einem Land der Unbeweglichkeit
20 heraus, ohne Geld und ohne eine Fremdsprache zu beherrschen – wer würde daran nicht scheitern?

3

Doch sie kamen und kamen nicht wieder. Was kam, waren Reisebe-
25 richte und Fotos aus aller Herren Ländern: Die Daheimgebliebenen konnten sie regelmäßig sonnabends auf einer ganzen Seite in der Ostthüringer Zeitung ausge-
30 breitet finden. 61 Reportagen aus Südeuropa, Afrika, Arabien, Indien, Australien, Südamerika, Alaska, China, Kasachstan ... . Fünf Jahre und einen Monat waren sie
35 schließlich unterwegs, hatten fünfundsechzigmal neue Reifen aufgezogen, 60 500 Kilometer zurückgelegt und 52 bis 59 Länder durchquert. „Wie viele Länder es genau
40 sind", sagt Axels Vater mit der Präzision des Ingenieurs, „hängt von der Zählweise ab. Einige Länder sind inzwischen mehr geworden, wie Jugoslawien oder die Sowjet-
45 union, andere Länder sind weniger geworden, wie Deutschland."

4

Aus Saalfeld/DDR waren sie aufgebrochen, nach Saalfeld/BRD sollten sie zurückkehren. Die Stadt
50 am Abend vor dem großen Tag: Was dem ortsunkundigen Westdeutschen vertraut vorkommt, wird ihnen, den beiden Heimkehrern, fremd sein. An jeder Ecke
55 hängt ein Geldautomat, sieben Banken und dreizehn Reisebüros werben um Kunden. Statt greller Plasteautos dezente Mittelklassewagen.

5

60 Der 28. Juli: Schon im Nachbarort Bad Blankenburg haben sich mittags Freunde und Verwandte eingefunden, um sie die letzten Kilometer nach Hause zu geleiten. Da
65 kommen sie! Zwei junge, schweißnasse, durchtrainierte Männer in kurzen Hosen, barfuß auf schwerbepackten Rädern. Axel und Peter, willkommen in der Bundesrepub-
70 lik!

6

Reden werden gehalten, Geschenke überbracht. Der neue Bürgermeister verliest eine Postkarte, die Axel aus dem australischen Alice
75 Springs nach Saalfeld schickte: „Wir sind nun fast ein Jahr unterwegs und haben viele Länder gesehen, doch Deutschland ist am schönsten und unser kleines
80 thüringisches Städtchen, wonach ich Sehnsucht habe. Viel Elend gibt es in der Welt, und die Probleme in der Ex-DDR sind dagegen nichts. ... wir danken oft Gott für
85 unsere Freiheit, das Größte neben Gesundheit, was ein Mensch hat! Wir denken oft zurück, wenn wir Abenteuer in Borneos Dschungel erleben oder die lange Straße von
90 Adelaide nach Sydney radeln! Wir sind glücklich!" Die letzten Reiseberichte steuerten auf die Frage zu: *Wie sehr muss sich unsere Heimat verändert haben?*

7

95 Von Saalfeld haben sie am ersten Tag kaum etwas wahrgenommen. Alle zerrten an ihnen. Glückwünsche (*Toll, was ihr vollbracht habt.*), Autogrammwünsche (*Auf
100 den Unterarm, bitte.*), Interviews mit den immer gleichen Fragen: *Wovon haben Sie gelebt?* Wir haben gearbeitet. *Als was?* Als Cowboys in Australien, als Schafzüch-
105 ter in Neuseeland, als Holzfäller in Argentinien, als Kellner in Kalifornien. *Was wollen Sie jetzt machen?* Diavorträge halten, ein Buch schreiben.

8

110 Ob sie sich in der Heimat wieder zurechtfinden werden – das ist die Sorge der Eltern. Dass sich ihre Söhne in, je nach Zählweise, 52 bis 59 Ländern zurechtfanden, ist ja
115 noch keine Garantie für das Überleben in Deutschland.

LESEN 1

3 Verstehen der Hauptaussagen

In welchem Absatz wird das gesagt? Nicht alle Aussagen passen zu einem Absatz.

Absatz 1	Absatz 2	Absatz 3	Absatz 4	Absatz 5	Absatz 6	Absatz 7	Absatz 8
A	E	F	I	D	J	C	H

A Zwei junge Männer starteten von der ehemaligen DDR aus mit Fahrrädern auf eine Weltreise.

B Die Planung der Reise war von der DDR aus sehr schwierig.

C Sie wurden gefragt, wie sie die Reise finanziert haben und welche Pläne sie für die Zukunft haben.

D Bei ihrer Rückkehr wurden sie von den Saalfelder Bürgern freudig empfangen.

E Viele ihrer Mitbürger waren vor der Reise skeptisch.

F Während ihrer Abwesenheit hat sich in der Welt viel verändert.

G Sie haben sich in der DDR wohler gefühlt als im wieder vereinigten Deutschland.

H Die Eltern haben Angst, dass ihre Söhne Probleme in ihrer alten „neuen" Heimat haben werden.

I Während ihrer Reise wurde die ehemalige DDR Teil der Bundesrepublik Deutschland.

J Die Reise hat ihnen eine neue Perspektive für die Probleme im eigenen Land gegeben.

4 Verstehen wichtiger Einzelheiten

a Sammeln Sie im Text Begriffe, die zu den folgenden drei Bereichen gehören, und ergänzen Sie die Tabelle.

DDR	BRD	Welt
Geld, Währung	Geldautomat	59 Länder

b Welche Veränderungen haben sich in der Heimat von Axel und Peter vollzogen?

c Wie sahen die beiden ihre Heimat während ihrer Reise?

5 Fassen Sie den Inhalt des Artikels in acht bis zehn Sätzen zusammen.

Arbeiten Sie zu zweit.

GR 6 Lokale Präpositionen

GR S. 92/1,2

Unterstreichen Sie im Lesetext lokale Präpositionen und ergänzen Sie die Beispiele im Kasten unten.

Präposition + Dativ						Präposition + Akkusativ	
Woher?		**Wo?**		**Wohin?**		**Wohin?**	
aus von	aus der Welt	in an auf bei	im Nachbarort	entgegen nach*	der Westgrenze entgegen	auf	

*ohne Artikel nach Hause, nach Saalfeld, nach Australien

AB

83

WORTSCHATZ – *Reisen*

1   Spiel: Ich mache eine Reise.

1. Spieler/Spielerin: *Ich mache eine Reise nach <u>A</u> ... <u>A</u>frika.*
2. Spieler/Spielerin: *Ich mache eine Reise nach Afrika mit einem <u>B</u>ett.*
3. Spieler/Spielerin: *Ich mache eine Reise nach Afrika mit einem Bett und einer CD usw.*

Wer ein Wort in der Reihe vergisst oder wem keines einfällt, der scheidet aus.

2   Verkehrsmittel – Übernachtung

Ordnen Sie die folgenden Wörter zu.

das Auto – das Boot – das Fahrrad – das Flugzeug – das Gästehaus – das Kreuzfahrtschiff – das Motel – das Motorrad – das Raumschiff – das Schiff – das Vier-Sterne-Hotel – das Wohnmobil – das Zelt – der Ballon – der Campingplatz – der Reisebus – der Kahn – der Luxusliner – der Wohnwagen – der Zeppelin – der Zug – die Bahn – die Eisenbahn – die Fähre – die Jugendherberge – die Pension – die Privatunterkunft – die S-Bahn – die Straßenbahn – die Tram – die U-Bahn

Verkehrsmittel				Übernachtung	
auf der Straße	zu Wasser	in der Luft	auf Schienen	preiswert	teuer
das Auto	*das Boot*	*der Zeppelin*	*die Tram*	*die Jugendherberge*	*das Vier-Sterne-Hotel*

`AB`

3   Definitionen

Ordnen Sie zu.

die Dienstreise – die Nostalgiereise – die Abenteuerreise – die Exkursion/der Ausflug – die Bildungsreise/die Studienreise – die Expedition

a
- Man will etwas erforschen.
- Man ist der Erste oder einer von wenigen, die dorthin reisen.
- Nicht zur Erholung gedacht.

c
- Das Ziel ist nicht sehr weit entfernt.
- Es dauert nicht sehr lange.
- Mit der Schulklasse macht man solche Reisen.

e
- Man reist wie in alten Zeiten.
- Man fährt zum Beispiel mit dem alten Orient-Express.
- Das Ziel ist weniger wichtig als die Art zu reisen.

b
- Man zahlt die Reise nicht privat.
- Die Reise bedeutet Arbeit.
- Man will einen bestimmten Auftrag ausführen.

d
- Man sucht sich ein ungewöhnliches Ziel aus.
- Man möchte etwas Nichtalltägliches erleben.
- Bequemlichkeit spielt keine Rolle.

f
- Man sieht sich viel im Land an.
- Man möchte möglichst viel über Land und Leute erfahren.
- Man möchte den eigenen Horizont erweitern.

`AB`

4   Wortbildung

Bilden Sie neue Verben mit *reisen* + Vorsilbe und erklären Sie die Bedeutung.

ab-	*Ich muss leider schon am Montag abreisen.*	aus-	*Sie durften früher nicht aus der DDR ausreisen.*	be-	*Dieses Land möchte ich unbedingt einmal bereisen.*
an-		ein-		ver-	

`AB`

5   Sprüche

Setzen Sie die Sprüche zusammen und erklären Sie, was sie bedeuten.

Andere Länder,   der rostet.
Warum denn in die Ferne schweifen,   andere Sitten.
Wenn einer eine Reise tut,   wenn das Gute liegt so nah!
Wer rastet,   dann kann er was erzählen.

HÖREN

__1__ **Was für Arten von Reisen kennen Sie?**
Beschreiben Sie Ihrer Lernpartnerin/Ihrem Lernpartner eine Reise, die
Sie schon einmal gemacht haben, und ergänzen Sie Informationen zu
Ihrer „Reise" im Kasten unten.

Verkehrsmittel	Ziele	Unterkunft + Essen	Programm	Reiseorganisation
Zug (Inter-Rail-Ticket)*	europäische Städte	Jugendherberge	Sehenswürdigkeiten	individuell

* ein preiswertes Zugticket für junge Leute bis 26 Jahre, gilt einen Monat lang in ganz Europa

__2__ **Hauptaussagen**
Hören Sie den Text und lösen Sie nach jedem Abschnitt die Aufgaben.
Mehrere Lösungen sind möglich.

Abschnitt 1

(a) Wohin reist Frau Jürgens?

(b) Kreuzen Sie an, was im
Reisepreis enthalten war.
- ☐ Anreise
- ☐ Essen
- ☐ Sport
- ☐ Exkursionen
- ☐ Unterkunft

(e) Wohin reist Frau Meissner?

Abschnitt 3

(f) Kreuzen Sie an, was für
eine Art von Reise sie macht.
- ☐ Individualreise
- ☐ Clubreise
- ☐ Rucksacktour
- ☐ Rundreise
- ☐ Pauschalreise

Abschnitt 2

(c) Wohin reist Herr Hofstetter?

(d) Kreuzen Sie an, was für eine
Mischung Herr Hofstetter liebt.
- ☐ Baden und Tauchen
- ☐ Baden und Unterhaltung
- ☐ Bildung und Erholung
- ☐ Abenteuer und Unterhaltung

(g) Wohin reist Herr Baumann?

Abschnitt 4

(h) Kreuzen Sie an, wie die Anreise
normalerweise ist.
- ☐ mit dem Auto
- ☐ mit dem Autoreisezug
- ☐ mit Auto und Schiff
- ☐ mit dem Flugzeug

__3__ **Genaues Hören**
Hören Sie den Text noch einmal. Notieren Sie kurz, welche Vor-
und Nachteile in Bezug auf die vier Reisen genannt werden.

Personen	Vorteile	Nachteile
Frau Jürgens	alles inklusive	Man bekommt kaum etwas von Land und Leuten mit.
Herr Hofstetter		
Frau Meissner		
Herr Baumann		

AB

__4__ **Welche der vier Reisen würde Ihnen am besten gefallen?
Warum?**

AB

SPRECHEN 1

1   **Deutsch auf Reisen**

Überlegen Sie zu zweit, wann Sie auf Reisen Deutsch gebraucht haben.
Fällt Ihnen eine komische oder eine nicht ganz einfache Situation ein,
die Sie erlebt haben?
Erzählen Sie eine interessante „Geschichte", die Sie selbst erlebt haben.

`AB`

2   **Wo spielen diese Situationen?**

Ordnen Sie zu.

Flughafen – Polizei – Hotel – Gepäckausgabe am Flughafen

   1   Wegen eines Staus haben Sie Ihr Flugzeug verpasst.
       Sie wollen das nächste Flugzeug nehmen.

   2   Sie warten vergeblich am Gepäckband auf Ihren Koffer.
       Sie wollen das Gepäck nachgeschickt haben.

   3   Ihr Fahrrad, mit dem Sie an einem Ferienort Ausflüge gemacht haben,
       wurde gestohlen. Sie wollen Anzeige erstatten.

   4   Sie müssen früher nach Hause als geplant. Sie wollen eine Nacht
       stornieren.

3   **Üben Sie den Dialog zu zweit ein.**

Polizist ▶◀ Touristin

Kann ich Ihnen helfen?

Ich möchte eine Anzeige machen.

Was ist (denn) passiert?

Mir wurde mein Fahrrad gestohlen.

Wann und wo war das?
Wie sah es aus?

Ich hatte das Rad vor dem Restaurant abgestellt.
Es war mit einem Sicherheitsschloss angekettet.
Das war heute Mittag, zwischen 1 und 3 Uhr.
Als ich um 3 Uhr aus dem „Gasthof zur Post"
kam, war das Rad weg.
…

Ich habe alles notiert.
Sie bekommen dann Bescheid von uns.

Bis wann etwa bekomme ich Bescheid von Ihnen?

4   **Wählen Sie zu zweit eine andere Situation.**

Notieren Sie: Was sagt der Reisende zu Absicht, Situation, Einzelheiten,
Vereinbarung? Überlegen Sie auch, welche Fragen Ihr Gegenüber stellen wird.

5   **Urlaubstermine**

Sie wollen mit einem Freund einen einwöchigen Kurzurlaub machen. Sie
rufen Ihren Freund an und versuchen, gemeinsam einen passenden Ter-
min für diese Reise zu finden. Spielen Sie das Gespräch. Ihre Lernpart-
nerin/Ihr Lernpartner findet ihren/seinen Terminkalender im Arbeitsbuch.

`AB`

Februar				März				April	
1. Woche	2. Woche	3. Woche	4. Woche	1. Woche	2. Woche	3. Woche	4. Woche	1. Woche	2. Woche
	Muttis Geburtstag		Theaterfestival	Beginn des Deutschkurses	Party bei Peter	Osterfest			zum Zahnarzt

LESEN 2

<u>1</u> Reisen im Jahr 2020
Wohin wird man da wohl reisen? Mit welchen Verkehrsmitteln?

<u>2</u> Lesen Sie nur Titel und Untertitel des folgenden Artikels
aus einer Tageszeitung.
Was steht wohl in dem Artikel? Sammeln Sie vor dem Lesen Ideen in
der Klasse. Lesen Sie danach den Text einmal ohne Wörterbuch.

Schwerkraft *inklusive*

URLAUB IM WELTRAUMHOTEL – IM JAHRE 2020 SOLL ES MÖGLICH SEIN

Barfuß durch die Sahara? Mit dem Schlauchboot über den Atlantik? Ohne Sauerstoff auf den Mount Everest? Alles Schnee von gestern. 5 Das wahre Abenteuer beginnt in viel höheren Sphären, 400 Kilometer über der Erde. Wenn das All ruft, sind die Menschen nicht mehr zu halten. Diese Vision jedenfalls 10 hegt Hartmut Müller, Geschäftsführer der Bremer Reiseagentur *Space Tours*. Schon in gut 20 Jahren sollen Touristen zu einem Trip in den Orbit starten. „Die Konstruk- 15 tionspläne für das erste Weltraumhotel sind bis ins Detail erarbeitet. Die High-Tech-Industrie wartet nur noch auf den Startschuss", sagte Müller bei einem Symposium 20 in Bremen, an dem etwa hundert Fachleute teilnahmen.

Die Technik ist also kein Problem. Und die Kosten? Schließlich ist Müller zu einer nicht unwichtigen 25 Erkenntnis gelangt: „Der Weltraum als Pauschalabenteuer muss sich rechnen." Die Sache wird nicht billig; allein das in Bremen als Lichtbild vorgestellte Weltraumhotel 30 dürfte rund 75 Millionen Euro kosten. Über mangelndes Interesse der Extremurlauber jedenfalls machen sich die „Himmelsstürmer" – unter ihnen NASA-Chefideologe 35 Jesco von Puttkamer und Buzz Aldrin, der als zweiter Mensch nach Neil Armstrong auf dem Mond herumhüpfte – die geringsten Gedanken. Die Reiseveranstal- 40 ter wollen herausgefunden haben, dass etwa 100 000 Menschen nur darauf warten, endlich am Schal-

ter eines Weltraumflughafens einzuchecken. Und wenn die erste 45 Pauschalreise ins All startet, so um das Jahr 2020, wird das Geschäft boomen. „Die Analysen der Marktforscher gehen von einem Potential von rund 20 Millionen Welt- 50 raumtouristen aus", sagte Hartmut Müller. Für Rucksacktouristen erscheint das Angebot aber nur bedingt geeignet. Der Preis für ein paar Tage Ferien in der Erdum- 55 laufbahn dürfte bei 25 000 Euro liegen. Dafür wird einiges geboten: ein Sportzentrum mit Tenniscourts, Basketballfeldern und Schwimmbädern zum Beispiel. Und weil sich 60 die kosmische Luxusherberge langsam um ihre Achse drehen soll, werden die Gäste nicht einmal auf die Schwerkraft verzichten müssen.

<u>3</u> Hauptaussagen
Setzen Sie zuerst die Satzteile richtig zusammen. Ordnen Sie danach
die Sätze zu einer Textzusammenfassung.

☐ Allerdings werden sich nur wenige
☑ Der Reiseunternehmer Hartmut Müller glaubt,
☐ Er rechnet damit,
☐ Es gibt bereits Pläne
☐ Es wird ein großes Angebot an
☐ Die Reiseveranstalter sind auch sicher,
☐ Müller zeigte bereits ein Dia

■ für ein Weltraumhotel.
■ dass die ersten Touristen im Jahr 2020 Urlaub im All machen können.
■ dass schon in naher Zukunft Reisen in den Weltraum möglich sein werden.
■ Sport- und Freizeitmöglichkeiten geben.
■ die teuren Reisen leisten können.
■ dass es eine große Nachfrage nach Reisen in den Weltraum gibt.
■ von dem geplanten Hotel. `AB`

<u>4</u> Wortfelder
Suchen Sie alle Wörter aus dem Text, die zu den folgenden
drei Themen gehören.

Reisen	Weltraum	Wirtschaft
	Orbit	
	Schwerkraft	

1 In einer deutschen Tageszeitung lesen Sie folgenden Artikel.

  ⓐ Worüber informiert dieser Artikel?
  ⓑ Wo erhalten Sie weitere Informationen?

Urlaub ab 2015

Spätestens im Jahr 2025, vielleicht auch schon 2015, sollen die ersten Weltraumtouristen „Urlaub im All" verbringen. Das Erlebnis-Programm „Events" von TUI* informiert darüber. Ein Eurospace-Programm gibt's bereits jetzt zu buchen – in den belgischen Ardennen. – Info im TUI-Reisebüro

*Touristik Union: Reiseveranstalter

2 Anfrage

Sie möchten unbedingt unter den ersten Touristen im All sein und wollen sich daher rechtzeitig über alles informieren.
Überlegen Sie, welche Informationen Sie für die Planung Ihrer Reise brauchen, und formulieren Sie zu jedem Punkt mindestens eine Frage:

- Dauer der Reise
- Art der Unterkunft
- Gesundheitliche Voraussetzungen für die Teilnahme
- Preise
- Buchungsformalitäten

3 Formeller Brief

Schreiben Sie nun an ein Reisebüro mit folgender Adresse:
Adolf-Weber-Ring 10, 70334 Stuttgart

- Erklären Sie, warum Sie schreiben.
- Erkundigen Sie sich nach den oben genannten Aspekten.
- Fordern Sie weiteres Informationsmaterial an.
- Überprüfen Sie am Ende, ob Sie Betreff, Anrede, Gruß sowie alle Inhaltspunkte berücksichtigt haben.

4 Textpuzzle

Vergleichen Sie Ihre Anfrage mit dem Schreiben unten. Setzen Sie dazu vorher die durcheinander geratenen Stücke unten richtig zusammen.

1	Sehr geehrte Damen und Herren, aus der Zeitung habe ich von der Möglichkeit		oder ob es individuelle Zimmer gibt.
	Ich bitte Sie,		kommt die Reise für mich nicht in Frage.
	Ich nehme an, dass ich darin Informationen		über Termine, Reisedauer und Preise sowie Buchungsformalitäten finde.
	Für meine Terminplanung müsste ich bereits jetzt wissen,		mir das Erlebnis-Programm „Events" an die oben angegebene Adresse zu schicken.
	Außerdem brauche ich Informationen darüber, ob eine Gemeinschaftsunterkunft für Touristen geplant ist		wie lange die Weltraumreise dauern soll.
	Falls Ersteres der Fall ist,		eines Weltraumurlaubs erfahren.
	Da ich Diabetiker bin, ist für mich außerdem wichtig zu wissen,		ob es bestimmte gesundheitliche Voraussetzungen für die Teilnahme gibt.
		15	Vielen Dank für Ihre Bemühungen. Mit freundlichen Grüßen

AB

SPRECHEN 2 – *Projekt: Eine außergewöhnliche Reise*

_1_ **Sehen Sie sich das Plakat an.**
- **a** Wofür wird hier Werbung gemacht?
- **b** Was erkennen Sie auf dem Bild?

_2_ **Außergewöhnliche Reisen**
- **a** Wenn Sie eine außergewöhnliche Reise machen könnten – was für eine Art Reise wäre das?
- **b** Was für Reisen sind bei Ihren Landsleuten zur Zeit beliebt? Warum?

_3_ **Vorbereitung eines Vortrags**
- **a** Klären Sie in kleinen Gruppen folgende Fragen über eine außergewöhnliche Reise in Ihrer Heimat und machen Sie sich dazu Notizen.

Fragen	Notizen
Wohin? (z.B. *in ein einsames Gebiet*)	
Inwiefern außergewöhnlich? (z.B. *mit nur drei Euro Reisekasse pro Tag*)	
Welches Verkehrsmittel? (z.B. *Ballon, Rollschuhe*)	
Wo übernachten? (z.B. *unter freiem Himmel, in einer Hütte*)	
Was für Kleidung oder Ausrüstung? (z.B. *Werkzeug für Reparaturen, Campingausrüstung*)	

- **b** Sammeln Sie aus Büchern, Zeitschriften oder anderem Material große Fotos von dem Reiseziel, das Sie in der Klasse präsentieren wollen.

_4_ **Typische Merkmale eines Vortrags**
Lesen Sie die folgenden Redemittel und wählen Sie passende Ausdrücke.

Anrede	*Sehr geehrte Damen und Herren,* *Liebe Freunde,*
Einleitung	*Wir möchten Ihnen/euch heute eine ganz besondere Reise vorstellen.* *Das Besondere an dieser Reise ist: ...*
Hauptteil	*Wir möchten Ihnen/euch die Reise kurz vorstellen.* *Wir werden von hier aus zuerst mit dem Flugzeug/Zug/Bus/Auto nach ...* *Wir haben Ihnen/euch einige Bilder mitgebracht.* *Hier/Auf diesem Bild/Auf dem ersten Foto sehen Sie/seht ihr ...* *Jetzt noch einige Worte zu Unterkunft und Ausrüstung.* *Übernachten werden wir ...* *Folgende Ausrüstung ist erforderlich: ...*
Schluss	*Wir hoffen nun, dass Sie/ihr Lust bekommen haben/habt, diese Reise zu machen.* *Wir hoffen, unser Reisevorschlag hat Ihnen/euch gefallen.*
Dank	*Wir danken Ihnen/euch für Ihre/eure Aufmerksamkeit.* *Vielen Dank fürs Zuhören.* *Vielen Dank. Haben Sie/Habt ihr noch Fragen?*

_5_ **Stellen Sie Ihre Reise in der Klasse vor.**

abenteuer und reisen

ALPEN SOMMER
Traumrouten. Im Cabrio. Mit Mountainbike

Indiens Süden
Einfach entspannt. Keralas Erholungsgärten

Hongkong

Griechenland

__1__ Was finden die Leser wohl in dieser Zeitschrift?

☐ Reiseangebote mit Daten und Preisen
☐ Beschreibungen von interessanten Reisezielen

__2__ Lesen Sie nur die Überschriften der beiden folgenden Texte.

a Worum geht es?
b Was wissen Sie bereits über das Thema?

Rollen *statt* falten

Tricks beim Kofferpacken: **1.** Legen Sie schwere Sachen (Schuhe, Jeans etc.) immer nach unten, Empfindliches, das leicht Falten bekommt, nach oben. **2.** Lücken mit Strümpfen oder Unterwäsche füllen. **3.** Packen Sie Ihre Reisegarderobe in dünne Plastikhüllen, dann verknittert sie nicht so leicht. **4.** Stricksachen am besten zusammenrollen. **5.** Schreiben Sie sich vor dem Packen auf, was Sie alles mitnehmen wollen. **6.** Wählen Sie die richtige Gepäckgröße für die Reise. Neu auf dem Markt und praktisch: Koffer mit integriertem Kleidersack, den man aber auch abtrennen kann.

RICHTIG PACKEN

Morgen geht es auf die große Reise. Jetzt muss nur noch der Koffer gepackt werden, und damit beginnt das Problem: Was nehme ich mit, wohin tue ich was, und – ganz wichtig – wie verhindere ich ein Chaos im Koffer? Da die Zeiten der großen Schrankkoffer längst vergangen sind, einige Tipps, die Ihnen beim Packen helfen:

1 Checkliste: Die nervtötende Frage: „Habe ich auch wirklich alles eingepackt?" löst man mit einer Liste, die man vor der Abreise anlegt.

2 Koffergröße und Gepäckzahl: Ein großer Koffer ist weitaus schwerer über den Flughafen zu schleppen (noch dazu, wenn er keine Räder hat) als zwei mittelgroße, auf die das Gewicht gleichmäßig verteilt ist.

3 Reduzieren und kombinieren: Eine auf wenige Farben abgestimmte Grundgarderobe muss nicht langweilig aussehen, wenn man die einzelnen Teile miteinander kombiniert. Damit lässt sich erheblich Gewicht sparen.

4 Der Anlass bestimmt das Gepäck: Stimmen Sie Ihre Kleider auf die Art Ihres Urlaubs ab. Wer nur baden oder faul am Strand liegen will, braucht nicht mehr als Badesachen und Freizeitkleidung.

5 Robuste Materialien: Leider ist der faltenfreie, zugleich absolut komfortable und gut aussehende Stoff noch nicht erfunden. Trotzdem gibt es ein paar reisefreundliche Textilien: Cool Wool, also ganz feiner Wollstoff, hängt sich beispielsweise schnell wieder aus. Gestrickte Baumwolle, gemischt mit Kunstfasern, überlebt Packen ebenfalls fast knautschfrei.

6 Schichten nach Gewicht: Profis platzieren schwere Sachen wie Schuhe, Toilettenbeutel und Bücher auf den Boden des Koffers. Auf die Hosen kommen die Hemden und Sakkos. Dazwischen legt man Handtücher, T-Shirts oder Pullis.

7 Extraschutz für Flüssiges: Kulturbeutel, Arzneien und alles, was auslaufen kann, sollten sicherheitshalber nochmals in eine Plastiktüte gesteckt werden. Packen Sie diese auf keinen Fall zwischen die Kleidung, sondern besser an den Rand des Koffers.

8 Socken sind zum Stopfen da: Socken, Krawatten und Unterwäsche eignen sich – eng zusammengerollt – bestens, um Zwischenräume auszufüllen. In Schuhe oder in den steifen Hemdkragen gestopft, halten sie zugleich Schuhwerk oder Kragen in Form.

__3__ Vergleichen Sie nun die beiden Texte.
Welche Ratschläge aus dem ersten Text finden Sie genau so oder ähnlich im längeren zweiten Text wieder?

Text 1	1	2	3	4	5	6
Text 2					1	

__4__ Welche Ratschläge waren für Sie neu?
Haben Sie eigene Tricks beim Packen?

AB

GR **5** Wie sind die Tipps in den beiden Texten formuliert? GR S. 92/4
Ergänzen Sie je ein Beispiel in jeder Spalte.

	als Imperativ	als Infinitiv	als unpersönlicher Ausdruck – *man, wer*
Text 1	*Legen Sie schwere Sachen nach unten.* ...	*Lücken mit Strümpfen oder Unterwäsche füllen.*	*Koffer mit integriertem Kleidersack, den man aber auch abtrennen kann.*
Text 2			

GR **6** Variation
Geben Sie weitere Tipps mit verschiedenen Formulierungen.
Beispiel: *Lieber zwei mittelgroße als einen großen Koffer mitnehmen.*

Imperativ, *Du*-Form	*Nimm lieber zwei mittelgroße als einen großen Koffer mit.*
Imperativ, *Ihr*-Form	*Nehmt lieber zwei mittelgroße als einen großen Koffer mit.*
unpersönlich	*Man nimmt lieber zwei mittelgroße als einen großen Koffer mit.*
als Empfehlung	*Sie sollten lieber zwei mittelgroße als einen großen Koffer mitnehmen.*

ⓐ Das Gepäck durch die richtige Auswahl reduzieren.
ⓑ Eine auf wenige Farben abgestimmte Garderobe einpacken.
ⓒ Reisefreundliche Textilien auswählen.
ⓓ Socken und Unterwäsche in die Zwischenräume stopfen.

AB

GR **7** Regeln zum Imperativ
Sehen Sie sich dazu die Tabelle auf Seite 92/4 an und ergänzen Sie
die Regeln unten.

ⓐ Der Imperativ hat in der formellen Anrede (= *Sie*-Form) die gleiche Endung wie der _____ : -*en* + *Sie*.
ⓑ Der Imperativ hat in der informellen Anrede zwei Formen, eine im Singular und eine im _____ .
ⓒ Im Singular (= *Du*-Form) hat er normalerweise _____ Endung. (In älteren Texten gibt es noch die Endung -*e*.)
ⓓ Endet der Verbstamm auf *d* oder *t*, endet die *Du*-Form auf _____ .
ⓔ Die *Ihr*-Form entspricht der Form im _____ .
ⓕ Bei Verben mit Vokalwechsel von *e* nach *i* richtet sich der Imperativ in der *Du*-Form nach _____
(*du nimmst – nimm; du isst – iss; du liest – lies; du vergisst – vergiss*).

8 Was stellen Sie sich unter einem Kulturbeutel vor?
ⓐ Was gehört Ihrer Meinung nach da hinein?
ⓑ Ordnen Sie zu: Welche Gegenstände passen eher zu Herren, welche zu
Damen und welche zu beiden?

das Aftershave – das Deo-Spray – das Haarshampoo – das Haarspray – das Make-up – der Deo-Roller –
der Föhn – der Kamm – das Parfüm – der Rasierapparat – der Rasierschaum – die Handcreme –
die Lockenwickler – die Rasierklinge – die Reinigungsmilch – die Seife – die Zahnbürste – die Zahnpasta

Herren	Damen	beide
das After-shave	*das Make-up*	*das Haarshampoo*

GR **9** Hinein – heraus GR S. 92/3
Geben Sie Ihrer Lernpartnerin/Ihrem Lernpartner Anweisungen.

Verb	Beispiel
hineinlegen/reinlegen/reintun	*leg den/die/das ... bitte hinein.*
hineinstellen/reinstellen	_____ *sollte man am besten reinstellen, damit es nicht ausläuft.*
herausnehmen/rausnehmen	*Falls nicht genug Platz ist, kannst du ... ruhig wieder rausnehmen.*

AB

1 Lokale Präpositionen

ÜG S. 64

ⓐ Präpositionen + Dativ bzw. Akkusativ

Präposition + Dativ		Präposition + Akkusativ *Sie fuhren …*	
ab	*Du kannst direkt ab Berlin fliegen.*	bis	*bis Berlin.*
aus	*Menschen aus aller Welt*	bis … an	*bis an die Grenze.*
aus … heraus	*Sie wollten aus diesem Land (he)raus.*	durch	*durch die Welt.*
bei	*Ich war bei (meinen) Freunden/ bei meiner Firma/bei Krupp/ beim Fußballspiel.*	entlang**	*die Straße entlang.*
entgegen**	*Sie radelten der Westgrenze entgegen.*	gegen	*gegen einen Baum.*
entlang	*Entlang dem Weg stehen hübsche Häuser.*		
gegenüber*	*Sie hielten gegenüber der Kirche.*	um	*um einen Baum.*
von	*Sie kamen von der Reise/vom Büro.*	um … herum	*um den Wald herum.*
von … aus	*Sie fuhren von der DDR aus um die Welt.*		
zu	*Ich fahre zum Marktplatz/ zu meiner Firma.*		
nach***	*Sie kehrten nach Saalfeld zurück.*		

*manchmal nachgestellt **immer nachgestellt ***ohne Artikel: nach Saalfeld, nach Australien

ⓑ Besonderheiten

in – nach		aus – von	
Ich fahre in die Bundesrepublik. Ich reise in die Schweiz.	*Ich fahre nach Deutschland. Ich reise nach Zürich.*	*Die Menschen kamen aus aller Herren Ländern.*	*Ich komme von einer langen Reise.*

2 Wechselpräpositionen

ÜG S. 66

Wo? + Dativ	Präposition	Wohin? + Akkusativ
in der Bundesrepublik *unter der Erde* *hinter der Grenze* *zwischen den Fronten*	*in – an – auf* *über – unter* *vor – hinter* *neben – zwischen*	*in die Bundesrepublik* *unter die Erde* *hinter die Grenze* *zwischen die Fronten*

3 Lokale Adverbien – *Wohin?*

ÜG S. 60

hinein – rein* heraus – raus*	*Ich stelle das Parfüm aufrecht in den Kulturbeutel hinein (rein).* *Das Haarspray nehme ich wieder heraus (raus).*

*Kurzformen *rein, raus* nur in der gesprochenen Sprache

4 Imperativ

ÜG S. 138

informell		formell
2. Person Singular = *Du*-Form	2. Person Plural = *Ihr*-Form	3. Person Singular/Plural = *Sie*-Form
Fahr doch mal nach Köln. Sprich bitte etwas lauter. Nimm doch diesen Koffer mit. Antworte mir bitte bald. Öffne doch bitte das Fenster.	Fahrt doch mal nach Köln. Sprecht bitte etwas lauter. Nehmt doch diesen Koffer mit. Antwortet mir bitte bald. Öffnet doch bitte das Fenster.	Fahren Sie doch mal nach Köln. Sprechen Sie bitte etwas lauter. Nehmen Sie doch diesen Koffer mit. Antworten Sie mir bitte bald. Öffnen Sie doch bitte das Fenster.

8

Sehen Sie das Foto an.

a Welches Instrument spielt Daniel K.?
b Was für eine Art von Musik macht er vermutlich damit?
c Zu welchen Gelegenheiten spielt er dieses Instrument wohl?

Das ist ein/e …
Dieses Instrument nennt man …
Er wird wohl … darauf spielen.
Das Instrument eignet sich für …
Auf diesem Instrument spielt man meist …

HÖREN

1   Hören Sie zunächst einige Takte Musik.

a) Wie klingen das Instrument und das Stück für Sie?

angenehm – hoch – leise – voll – harmonisch – klassisch – melodisch – laut – unangenehm – modern – unharmonisch – tief – dünn

b) Was würden Sie über den Interpreten dieses Musikstücks gern wissen?

2   Hören Sie nun ein Interview mit dem Musiker Daniel K.

Lesen Sie zunächst jeweils die Aufgaben zu jedem Abschnitt und hören Sie dann den Abschnitt.

Abschnitt 1

a) Wo begann Daniel mit dem Tubaspielen?

b) Als Austauschschüler in den USA war er hauptsächlich mit ... beschäftigt.

☐ Mathematikunterricht
☐ Englischlernen
☐ Musikmachen

Abschnitt 2

c) Welche Instrumente hat Daniel schon gespielt?

☐ Blockflöte   ☐ Geige
☐ Klavier   ☐ Schlagzeug
☐ Tenorhorn   ☐ Tuba
☐ Akkordeon   ☐ Gitarre

d) Nennen Sie mindestens zwei Musikstile, die er mit der Tuba spielt bzw. spielen möchte.

1. _____   2. _____

e) Er möchte möglichst verschiedene Musikstile spielen, weil

☐ es ihm Spaß macht.
☐ er damit Geld verdienen kann.
☐ man von einem Musikstil für einen anderen profitieren kann.

Abschnitt 3

f) An einem Konservatorium kann nur studieren, wer

☐ viel Geld für das Studium bezahlen kann.
☐ einen Professor des Konservatoriums kennt.
☐ eine Aufnahmeprüfung besteht.

Abschnitt 4

g) Als Tubist kann man später leichter als andere Musiker einen Platz in einem Orchester finden, weil _____ .

h) Möglichkeiten, Geld zu verdienen, sind zum Beispiel _____ .

i) Wichtig für die berufliche Zukunft als Musiker sind Praxiserfahrung und _____ .

3   Mündliche Zusammenfassung

Fassen Sie mit Hilfe Ihrer Antworten auf die Fragen a) bis i) zusammen, was Sie über Daniel K. erfahren haben.

WORTSCHATZ – *Musik*

1 Musikinstrumente

a Spielen Sie ein Instrument? Wenn ja, welches? Wenn nein, welches Instrument würden Sie gern spielen?

b Suchen Sie Namen von Instrumenten mit Hilfe des Silbenrätsels und ordnen Sie sie den Überbegriffen zu.

Gei – Saxo – pete – ge – Quer – Cel – Kla – Schlag – Dudel – Trom –
Akkor – Har – Gi – Kontra – phon – Tu – Pau – Klari – fe – nette –
tarre – deon – lo – ke – vier – ba – sack – flöte – bass – zeug

Saiteninstrumente	Geige
Blasinstrumente	
Schlaginstrumente	
Tasteninstrumente	

2 Geräte zum Musikhören

Woraus besteht eine Stereoanlage normalerweise? Ordnen Sie die Begriffe zu.

Radio
CD-Spieler
Verstärker
MP3-Player
Kassettenrekorder
Kopfhörer
Lautsprecher

AB

3 Rhythmen und Musikstile

a Finden Sie zu folgenden Definitionen die passenden Musikstile.

Definition	Musikstil/ Rhythmus
Eine Musikrichtung, die in den 50er und 60er Jahren zunächst in Amerika, dann in Europa populär wurde. Sehr gut tanzbar!	Rock'n'Roll
Musik und Tanz aus Argentinien; wird oft mit einem Akkordeon gespielt.	
Dazu kann man wunderbar im Dreivierteltakt tanzen und sich dabei drehen. Diese Musik stammt aus Wien.	
Bei dieser Musikrichtung wird oft frei improvisiert; ursprünglich kommt sie aus dem „schwarzen Amerika".	
Eine Art Sprechgesang zu rhythmischer Musik, bei dem die unterschied- lichsten Probleme junger Menschen thematisiert werden. Ursprünglich aus den USA, ist aber inzwischen in vielen Ländern und Sprachen ver- breitet.	
Junge Leute tanzen darauf häufig in Diskotheken; der hammerartige Rhythmus lässt den Puls schneller schlagen.	

b Beschreiben Sie einen Musikstil, der Ihnen persönlich gut gefällt. Lesen Sie Ihre Definition in der Klasse vor und lassen Sie die anderen raten, um welchen Stil es sich handelt. Sie können auch ein Hörbeispiel dazu präsentieren.

LESEN 1

8

__1__ **Hören Sie einen Auszug aus einer Oper.**
- **a** Gefällt Ihnen die Musik? Wenn ja, warum? Wenn nein, warum nicht?
- **b** Aus welcher Zeit könnte die Musik stammen?
- **c** Welche Figuren könnten in der Oper vorkommen?
- **d** Wer könnte der Komponist sein?

__2__ **Lesen Sie einen Auszug aus der Biographie eines berühmten Musikers und Komponisten.**
Um welche historische Figur handelt es sich hier?
Drei Informationen aus der Textpassage helfen Ihnen
bei der Beantwortung der Frage. Welche sind das?

- **a** *Wiener Rauhensteingasse Nummer sieben*
- **b** *des Jahres 1791*
- **c** *Die Zauberflöte*

Ich stelle mir die Wohnung vor, wie sie damals ausgesehen haben mag, in der Wiener Rauhensteingasse Nummer sieben. An der Ecke Himmelpfortgasse in der ersten Etage. Vom Musikzimmer kann man auf beide Gassen hinaussehen. Dort, stelle ich mir vor, sitzt er an einem Spätsommerabend des Jahres 1791 in einem abgewetzten Sessel gegenüber seinem Flügel. Er hat den Kopf aufgestützt. Auf dem Flügel stehen einige geleerte Weingläser. Es waren Gäste da. Fröhliche Gäste. Drei Stunden lang hat das Zimmer geklungen, war es angefüllt mit den Melodien der neuen Oper, die so gut wie fertig ist und "Die Zauberflöte" heißen wird. Nun ist es still in dem großen, fast leer wirkenden Zimmer.

__3__ **Lesen Sie den Text weiter.**
Bearbeiten Sie anschließend die folgenden Aufgaben.

Er ist müde. Er ist oft müde jetzt. Trotzdem verspürt er ein seltsames Wachsein. Wie wenn man zu lange über den Schlaf hinweg ist. Da kann es geschehen, dass selbst 20 die vertrauten Dinge ringsum mit einem Mal ein fremdes Gesicht bekommen. Ein Stuhl ist plötzlich nicht mehr nur ein Stuhl. Ein Bild an der Wand plötzlich nicht mehr 25 nur ein Bild an der Wand. Es ist, als ob die Dinge lebten. Und so steigt unmerklich eine Traumwelt vor ihm herauf. Eine Welt aus Erinnerungen und Vergangenheit. 30 Seine Kindheit. Seine Jugend. Die Jahre danach. Die allzu schweren Jahre. Ganz am Anfang steht der Knabe, den sie Wolferl riefen und Bub. Und manche hießen ihn auch 35 ein kleines Wundertier. In Salzburg, in Wien und in immer ferneren Städten.

1764

Eine Reisekutsche rumpelt von 40 Salzburg her über die Landstraßen Westeuropas. Tief graben die Räder ihre Spur in den Sand. Meile um Meile. Von Schlagbaum zu Schlagbaum. Wenn die Kutsche 45 über einen Stein holpert, klingt es vom Dach wie Saitenspiel. Dann blicken die Zöllner verwundert zu dem oben befestigten transportablen Klavier hinauf. So etwas hatten 50 sie zuvor noch nie gesehen.

Der Salzburger Vizekapellmeister Leopold Mozart ist mit seiner Familie unterwegs, der Welt seinen Sohn zu präsentieren. "Wie, Sie ha-55 ben noch nichts von Mozart gehört? Da ist Ihnen etwas entgangen. Ein Winzling. Die Finger können fast keine Quinte greifen.

Dennoch beherrscht er das Klavier 60 wie kaum einer. Und spielt Violine. Improvisiert auf der Orgel, dass man's für Zauberei halten möchte. Selbst die Kaiserin in Wien hat er verzaubert. Nach einem Konzert im 65 Schloss Schönbrunn soll sie ihm einen Diamantring geschenkt haben, so schwer, dass es ihm die Hand zum Boden zieht."

So wird geredet in den Salons von München und Mannheim, von Brüssel und Paris, am Hof Ludwigs XV. in Versailles. Doch die Reise geht weiter. Nordwärts. Dem Kanal, London entgegen. Aber der 75 junge Mozart fühlt sich nirgendwo so wohl wie zu Hause in Salzburg oder in Wien.

- **a** Die Jahreszahlen 1791 und 1764 werden im Text genannt.
  Zu welchen Phasen im Leben Mozarts gehören sie? Vergleichen Sie
  dazu die biographischen Daten.

Mozart-Biographie

1756	Am 27. Januar in Salzburg geboren
1761	Erste Kompositionen
1763-66	Konzerttournee mit den Eltern durch Westeuropa
1769-73	Drei Reisen durch Italien Die Opern „Mitridate", „Ascanio in Alba" und „Lucio Silla" in Mailand uraufgeführt
1781	Uraufführung der Oper „Idomeneo" in München Heirat mit Constanze Weber
1782	Uraufführung der Oper „Die Entführung aus dem Serail"
1787	Uraufführung der Oper „Don Giovanni" Tod des Vaters
1791	September: Uraufführung von „Die Zauberflöte" 6. Dezember: Mozart stirbt

b Was wird im Text auf Seite 96 in den Zeilen 15 bis 37 beschrieben?
- ☐ Wie Mozart nach zu viel Alkoholgenuss plötzlich fremde Gesichter sieht.
- ☐ Wie Mozart von seinen Kindern erzählt.
- ☒ Wie Mozart nicht lange vor seinem Tod Bilder aus seiner Vergangenheit vor sich sieht.

c Wie wurde Mozart als Kind genannt?
Wolfel

__4__ **Was erfährt man über Mozart als Kind im Text auf Seite 96?**

a Wie und wohin ist Mozart gereist? *Im genzen Europas*

b Wie wird sein musikalisches Talent beschrieben?
Winzling), beherrscht er das Klavier wie kaum einer für 2. halten möchte

GR __5__ **Negationen**   GR S. 104/1

a Unterstreichen Sie alle Negationen im Text.

b Welches Adverb drückt das Gegenteil aus?
Ordnen Sie jeweils die passende Negation zu.

überall, irgendwo, wo	*nirgendwo*
etwas, irgendetwas	
immer, einmal	

AB

c Wie kann man auch sagen?
In Zeile 59/60 heißt es: „Dennoch beherrscht er das Klavier
wie *kaum einer*." Das bedeutet:
- ☐ Dennoch beherrscht er das Klavier wie kein anderer.
- ☐ Dennoch beherrscht er das Klavier wie manch einer.
- ☐ Dennoch beherrscht er das Klavier wie fast keiner.

1 Fragen an Julia

Was würden Sie ein elfjähriges Mädchen fragen, das gerade einen internationalen Geigenwettbewerb gewonnen hat? Notieren Sie Ihre Fragen.

2 Lesen Sie das Interview mit Julia Fischer.

Welche Ihrer Fragen werden in dem Interview beantwortet?

Im Sommer wird Julia Fischer zwölf Jahre alt. Nach mehreren anderen Auszeichnungen erhielt die Studentin der Münchner Mu-
5 sikhochschule den ersten Preis des renommierten Yehudi-Menuhin-Wettbewerbs[1].

Süddeutsche Zeitung (SZ):
Seit wann studierst du an der
10 *Musikhochschule?*
Julia Fischer: Das sind jetzt fast drei Jahre. Zuvor hatte ich zwei Jahre in Augsburg Unterricht und davor auch schon vier Jahre
15 Unterricht. Ich erinnere mich gut daran, wie ich einen Tag nach meinem neunten Geburtstag in die Hochschule pilgerte, um einer Jury vorzuspielen: ein Stück von Bach,
20 eines aus dem 20. Jahrhundert, einen Satz aus einem Konzert und eine Tonleiter.
SZ: *Dann hast du als Dreijährige damit angefangen, Geigenunter-*
25 *richt zu nehmen?*
J.F.: Ja, meine Mutter fragte mich damals, ob ich Geige lernen wollte, und ich wollte. Ich war auch oft dabei, wenn sie Klavier unterrich-
30 tete, und dann wollte ich natürlich auch Klavier lernen.
SZ: *Wie sieht denn die erste Gei-genstunde für eine Dreijährige aus?*
J.F.: Ich hatte zunächst keine rich-
35 tige Geige in der Hand, sondern eine aus einer Zigarrenkiste, einem Lineal und einem Radiergummi. Die konnte dann auch mal auf den Boden knallen. Einen Monat spä-
40 ter habe ich dann allerdings auf einer Kindergeige schon Kinderlieder gespielt.
SZ: *Wann kamst du dann darauf, professionelle Musikerin zu wer-*
45 *den?*
J.F.: Das kam sehr früh – eigentlich war es für mich von Anfang an klar. Schon mit sieben habe ich mindestens eineinhalb bis zwei
50 Stunden pro Tag geübt. Jetzt sind es ungefähr vier Stunden; aber vor dem Wettbewerb musste ich natürlich etwas länger üben.
SZ: *Konntest du damals über-*
55 *haupt schon eine richtige Geige halten?*
J.F.: Angefangen habe ich mit einer sehr kleinen Geige und bekam dann immer größere Instrumente.
60 Nach meiner jetzigen Geige habe ich vier Monate lang gesucht. Sie sollte gut klingen und nicht zu teuer sein.
SZ: *Wer hatte denn die Idee, am*
65 *Yehudi-Menuhin-Wettbewerb teil-zunehmen?*
J.F.: Meine Lehrerin meinte, ich sollte daran ruhig teilnehmen. Man musste erst einmal ein paar
70 Tonbandaufnahmen hinschicken, dazu Empfehlungen von mindestens zwei unabhängigen, anerkannten Lehrern und eine Bestätigung, dass man die Aufnahmen
75 auch wirklich selbst gespielt hat. Natürlich war die Zeit etwas knapp, aber die meisten Stücke, die beim Wettbewerb verlangt wurden, hatte ich eh drauf.
80 SZ: *War es dein erster Wett-bewerb?*
J.F.: Nein, aber mein erster internationaler. Bei „Jugend musiziert" hatte ich ja noch in Geige und Kla-
85 vier teilgenommen, und mit der Geige habe ich immer den ersten Preis gewonnen.
SZ: *Hörst du in deiner Freizeit auch klassische Musik?*
90 J.F.: Ja, schon immer und ausschließlich.
SZ: *Und in der Disko gibt es dann einen großen Kulturschock?*
J.F.: Ich gehe nicht in die Disko.
95 Ich habe in meiner Klasse noch eine Freundin, die auch Geige spielt, und wir halten uns von der anderen Musik eher fern.
SZ: *Gibt es Vorbilder – hast du ein*
100 *Foto von einem der „Großen" im Geigenkoffer?*
J.F.: Ja – eins von Menuhin. Da gratuliert er mir gerade zu meinem ersten Preis. Menuhin ist ein gro-
105 ßes Vorbild für mich, und meine Lehrerin hat auch bei ihm studiert. Es gibt aber auch andere wie etwa Igor Oistrach[2]; als er neulich in München einen Meisterkurs gab,
110 habe ich mich von der Schule befreien lassen und ihm beim Unterricht zugehört. Das war schon sehr spannend. Und in Folkestone hatte ich jetzt auch die Gelegen-
115 heit, selbst eine halbe Stunde von Menuhin unterrichtet zu werden.
SZ: *Wie wichtig ist die Schule für dich?*
J.F.: Wenn ich in der zehnten Klas-
120 se bin und ein Debüt in der Carnegie Hall[3] bekomme, lasse ich die Schule sausen. Aber wenn es geht, möchte ich das Abitur machen.

[1]Yehudi Menuhin: 1916–1999, berühmter Geigenvirtuose   [2]Igor Oistrach: geb. 1931, russischer Geiger
[3]Carnegie Hall: Konzertsaal in New York

3 Was erfahren Sie in dem Interview zu folgenden Punkten?

1	Alter, in dem sie begann, Geige zu spielen	*3 Jahre*
2	Grund für ihr Interesse an Musikinstrumenten	
3	Aussehen ihrer ersten Geige	
4	tägliches Übungspensum	
5	Teilnahmebedingungen für den Menuhin-Wettbewerb	
6	ihr Musikgeschmack in der Freizeit	
7	ihre Vorbilder	
8	ihre Zukunftspläne	

4 Mündliche Zusammenfassung

Fassen Sie nun den Inhalt des Interviews anhand der Stichpunkte in
Aufgabe 3 zusammen. Verbinden Sie die Sätze mit Wörtern wie
damals, denn, aber, außerdem usw.
Beginnen Sie so: *Die elfjährige Julia Fischer begann mit drei Jahren,
Geige zu spielen. Damals hörte sie oft ...*

5 Ist Julia ein „Wunderkind"? Warum (nicht)?

Ist es Ihrer Meinung nach wünschenswert, so wie Julia zu leben?

`AB`

GR 6 Verben mit Präposition

GR S. 104/2

Markieren Sie im Text alle Verben, die eine feste Präposition
haben, und ordnen Sie sie in die folgende Übersicht ein.

Verb + Präposition + Akkusativ	Verb + Präposition + Dativ
	anfangen mit

`AB`

GR 7 Ergänzungen des Verbs

Ordnen Sie die Verben mit Präpositionen aus dem Text zu.

Präposition + Nomen	Präposition + Nebensatz oder Infinitivsatz
Angefangen habe ich mit einer ganz kleinen Geige. *Nach meiner Geige habe ich vier Monate gesucht.*	*Dann hast du als Dreijährige damit angefangen, Geige zu spielen.*

`AB`

GR 8 Ergänzen Sie die Regel.

a Wenn die Präposition nicht vor einem Nomen, sondern vor einem
Nebensatz oder Infinitivsatz steht, verbindet man sie mit
der Vorsilbe _____ .

b Beginnt die Präposition mit einem Vokal, lautet die Vorsilbe _____ .

1 Was ist ein „Chat" im Internet?

Chatten Sie selbst manchmal? Zu welchen Themen/Bereichen?

2 Setzen Sie sich zu viert zusammen.

a Stellen Sie sich vor, Sie nehmen alle an einem Internet-Chat teil.
Wählen Sie gemeinsam ein Thema.

1 sich über ein Live-Konzert austauschen
2 seine Enttäuschung über ein abgesagtes Konzert mitteilen
3 sich Tipps zum neuesten Hit einer bekannten Band geben
4 über die neuesten Videoclips der Musiksender MTV oder VIVA chatten

b Lesen Sie einige Beiträge zum Chat-Thema 2.
Was fällt Ihnen an der Sprache in einem Internet-Chat auf?
Unterstreichen Sie die Stellen.

Chat

Chat Edit Format Tabs Settings Help

Sans 10

Nachricht von Hip-Hop-kid an alle um 10:31:56
😕 So ein Mist, Mann! Hatte schon seit 'ner Ewigkeit Karten fürs Konzert der „Fantastischen Vier" in Frankfurt und nun haben sie's abgesagt!

Nachricht von Ich-will-Pogo an Hip-Hop-kid um 10:32:08
Echt? Die sollten doch übermorgen in der …halle auftreten? Freunde von mir wollten da auch unbedingt hin. Und was machste jetzt?

Hip-Hop-kid an Ich-will-Pogo um 10:32:18
Was soll ich schon machen? Mich grün und blau ärgern und die Karten zurückgeben: Mit dem Geld werd' ich dann CDs kaufen, 's gibt ja ständig was Neues in der Hip-Hop-Szene! Aber ich bin total sauer! Die sind live einfach „endcool"!!

Obi eins an alle um 10:32:23
Weiß eigentlich jemand, warum die Jungs nicht auftreten? Haben die Schnupfen oder so was?? Ich find die ja echt süüß!

Witzbold an Obi eins um 10:32:37
Wahrscheinlich hat es dem Sänger die Sprache verschlagen, als er erfahren hat, was du über sie denkst! Hi, hi!

c Was ist typisch für die Sprache im Internet-Chat?
Suchen Sie dazu Beispiele im Chat oben.

lange Absätze – duzen – wie gesprochene Sprache – höfliche Ausdrucksweise – Buchstaben werden weggelassen – indirekte Rede – Interjektionen (spontane Einwürfe) – umgangssprachlich, salopp – kurze Redeanteile – Sie-Anrede – direkte Rede – einfacher Satzbau

3 Chatten Sie nun selbst.

Reagieren Sie entweder auf eine Person/Aussage zum Chat-Thema 2 oder beginnen Sie einen neuen Chat zu einem Thema unter Aufgabe 2a.
Legen Sie ein großes Blatt in die Mitte, auf das jeder seinen Chat-Beitrag schreiben kann. Geben Sie dabei an, auf welche Äußerung Sie reagieren.

1 Sehen Sie sich die Anzeigen kurz an.
Worum geht es hier?

Richard Wagner – Götterträume 20.12.–21.1. Fr, Sa, So, 20 Uhr		African Footprint – Musical 3., 4. und 6. Januar, 20 Uhr		Das Phantom der Oper als Film bis 25. Januar Di–Sa, 19.30 Uhr		
1.– 5. Reihe	95,–	1.– 3. Reihe	42,–	Kategorie	A	B
6.– 10. Reihe	74,–	4.– 8. Reihe	36,–	Mo., Di., Do.	7,00 Euro	6,00 Euro
11.– 15. Reihe	52,–	9.– 22. Reihe	30,–	Di.	4,50 Euro	
16.– 22. Reihe	36,–	1. Rang	24,–	Fr., Sa., So.,	8,50 Euro	7,50 Euro
23.– 30. Reihe	29,–	2. Rang	17,–	feiertags		

2 Informationsgespräch
Setzen Sie sich in Vierergruppen zusammen. Jeweils zwei Personen
aus einer Gruppe übernehmen die Rolle eines Interessenten, zwei sind
Informanten.

Die Interessenten wählen eine Veranstaltung, die sie gern besuchen möchten. Überlegen Sie:	Die Informanten geben Auskunft darüber,
■ Was möchte/muss ich noch wissen? ■ Für wann möchte ich Karten reservieren? ■ Wie viel möchte ich höchstens ausgeben?	■ wann die Veranstaltung stattfindet. ■ wofür es noch Karten gibt. ■ was die verschiedenen Sitzreihen kosten.
Erkundigen Sie sich telefonisch nach der gewünschten Veranstaltung und lassen Sie Karten zurücklegen. Fragen Sie, wie die Abholung funktioniert.	Lesen Sie die Preislisten zu den Veranstaltungen und nehmen Sie einen Anruf entgegen. Entscheiden Sie, für welche Vorstellungen/Plätze es noch Karten gibt und welche ausverkauft sind.

Guten Tag, ich wollte wissen, ob es für die Vorstellung ... noch Karten gibt.
Was kosten denn die Karten ... ?
Gut, dann bestelle ich 2 (3, 4) Karten für ...
Schade. Wofür gibt's denn noch welche?
Muss ich die bestellten Karten vorher abholen/zahlen/...?
Vielen Dank für die Auskunft.
Auf Wiederhören.

Ticket-Service Montana, guten Tag.
Für welche Vorstellung denn? Einen Moment bitte, da muss ich nachsehen.
Ja, da gäb's noch ... Karten in Reihe ... und in Reihe ... .
Die kosten jeweils ...
Nein, tut mir Leid, da ist leider schon alles ausverkauft.
Die Karten werden auf Nummer ... an der Kasse hinterlegt.
Bitte holen Sie sie ... vor Vorstellungsbeginn ab.
Auf Wiederhören.

AB

3 Spielen Sie Ihr Gespräch einmal durch und präsentieren
Sie es anschließend in der Klasse.

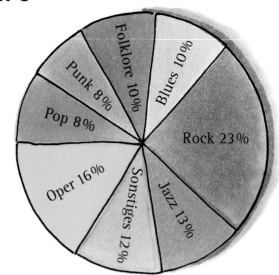

___1___ **Sehen Sie das Schaubild an.**
Worum geht es darin?

___2___ **Lesen Sie die Überschrift des folgenden Artikels aus einem Wochenendmagazin.**
Was steht wohl in dem Artikel?

P O psong

DER PERFEKTE

Wie geht das? Ganz einfach: Man fragt die Menschen, was sie hören wollen.

Wir haben es immer schon gewusst. Hip-Hop, Techno, Drum & Bass – alles dummes Zeug. Das will keiner hören. Beweisen allerdings konnte diese These bisher niemand. Zumindest nicht mit Zahlen. Im Frühjahr 1997 aber taten sich zwei Maler und ein Neurologe und Musiker zusammen. Sie versuchten per Internet-Umfrage herauszufinden, wie ein Popsong komponiert sein muss, damit es gelingt, möglichst viele Menschen zu erfreuen. Und nun liegt das Ergebnis vor. Die CD, die mit vielen Gastmusikern in New York eingespielt wurde, trägt den Titel: *Das meistgewünschte Lied*. Die Künstler präsentierten auch gleich das Gegenteil, *Das unerwünschteste Lied*, das mit größter statistischer Wahrscheinlichkeit nur etwa ein paar Dutzend Menschen hören möchten.

Die drei Urheber dieser Aktion hatten ihre Fragen auf mehrere Seiten im Internet gestellt. Es wurde nicht nur danach gefragt, wie lang ein Lied zu sein hat, damit es gefällt, sondern auch nach der optimalen Kombination von Instrumenten, nach Textinhalt, Lautstärke, Tempo. Sie stellten hunderte von Fragen und erhielten hunderttausende von Antworten: Bei den Instrumenten liegt die gute alte Gitarre (23%) an der Spitze. Der beliebteste Musikstil ist Rock'n'Roll (23%), je tiefer die Stimme klingt, desto besser, und das ideale Lied – meinten 60 Prozent – sollte zwischen drei und zehn Minuten dauern.

Dudelsäcke hingegen machen schlechte Laune, ebenso wie Banjos und Harfen. Sie kamen in der Hitliste am schlechtesten weg. Musik im Fahrstuhl oder im Supermarkt finden 86 % der Befragten unerträglich. Und bitte keine Lieder mit Cowboys, Politikern oder etwa Texte über Ferien! Als besonders schlimm wird eine von Kindern vorgetragene Komposition empfunden.

Was nun als Ergebnis herauskam, ist in der Tat verdächtig, ein Hit zu werden, mit dem Millionen zu verdienen sind: Ein schmalziges Liebeslied im mittleren Tempo, exakt fünf Minuten lang, also gerade noch radioformatgerecht. Über einem Klangteppich aus Gitarren, Celli, Klavier und Bass duettieren eine Frauenstimme voller Soul und eine raue Männerstimme. *Das meistgewünschte Lied* klingt eigentlich wie ein Werbelied. „Das ist es doch, was alle wollen", sagt J. Goldier, einer der drei Schöpfer. „Jingles. Das große Lalala."

Und *Das unerwünschteste Lied*? 21 Minuten und 59 Sekunden ist es lang, große Schwankungen bei Lautstärke und Tempo, ein quäkender Kinderchor, viele Banjos, Dudelsäcke und abrupte Stilbrüche. Goldier: „Keiner ist bei der Uraufführung gegangen. Das hat mich überrascht. Die guckten nur die ganze Zeit so, als würden sie einem Verkehrsunfall beiwohnen."

__3__ Die Ergebnisse der Untersuchung
Antworten Sie in Stichpunkten.

1 beliebtester Musikstil	Rock'n'Roll
2 beliebtestes Instrument	
3 optimale Länge	
4 gewünschte Stimme	
5 unerwünschte Instrumente	
6 nicht gefragte Inhalte	
7 als Interpreten unerwünscht	
8 unbeliebte Orte zum Musikhören	

__4__ Steht das so im Text?

	ja	nein
ⓐ Bis zu einer Internet-Umfrage im Jahre 1997 gab es kein statistisches Material über den Musikgeschmack des Publikums.	☐	☐
ⓑ Man wurde bei der Internet-Umfrage zum Beispiel gefragt, wovon ein Lied handeln sollte, mit welchen Instrumenten es gespielt werden und welche Länge es haben soll.	☐	☐
ⓒ Es gab deutliche Unterschiede bei der Beliebtheit von Instrumenten.	☐	☐
ⓓ Viele Leute hören beim Einkaufen gern Hintergrundmusik.	☐	☐
ⓔ Mit dem Lied, das nach den erfragten Kriterien komponiert wurde, hat der Komponist schon Millionen verdient.	☐	☐
ⓕ Auch das statistisch gesehen unbeliebteste Lied hat man schon einem Publikum präsentiert, das es sich bis zum Ende anhörte.	☐	☐

AB

GR __5__ Analysieren Sie die beiden folgenden Sätze.   GR S. 104/3

- „Sie versuchten per Internet-Umfrage herauszufinden, ... " (Zeilen 11/12)
- „ ... damit es gelingt, möglichst viele Menschen zu erfreuen." (Zeilen 13–15)

ⓐ Welche grammatische Form hat *herauszufinden* bzw. *zu erfreuen*?
ⓑ Suchen Sie im Text weitere Formulierungen mit dieser Struktur.

AB

GR __6__ Umformung
Wie kann man die Sätze mit Hilfe folgender Modalverben
umschreiben?
⟨ sollen – (nicht) wollen – können – könnte(n)

Infinitiv mit *zu*	mit Modalverb
Sie versuchten per Internet herauszufinden, wie ein Popsong komponiert sein muss, ...	Sie wollten per Internet herausfinden, wie ein Popsong komponiert sein muss, ...

AB

1   Negation
ÜG S. 136

a Satznegation: Ein Satz bzw. das Verb eines Satzes wird mit *nicht* verneint.
Die Musiker haben ihr Publikum gestern nicht enttäuscht.

b Teilnegation: Ein Teil eines Satzes wird verneint.
Die Musiker haben ihr Publikum nicht gestern enttäuscht,
sondern in dem Konzert vor zwei Monaten.
Die Musiker haben gestern nicht ihr Publikum enttäuscht,
sondern ihren Konzertmanager.

c Negationswörter

Mozart hatte eine schöne Kindheit.	*Mozart hatte keine schöne Kindheit.*	*kein/e*
Jeder wusste, wie anstrengend diese Reisen für den jungen Musiker waren.	*Niemand wusste, wie anstrengend diese Reisen für ihn waren.*	*niemand, keine/r*
Die Kaiserin hat Mozart etwas geschenkt.	*Die Kaiserin hat Mozart nichts geschenkt.*	*nichts*
Mozart hatte immer Geldprobleme.	*Mozart hatte nie Geldprobleme.*	*nie*
Überall wurde das Wunderkind bestaunt.	*Nirgendwo wurde das Wunderkind bestaunt.*	*nirgendwo, nirgends*

d Zur Bedeutung von kaum:
Der Komponist hatte fast kein Geld. = Der Komponist hatte kaum Geld.
Ich höre fast nie klassische Musik. = Ich höre kaum klassische Musik.

2   Verben mit Präposition
ÜG S. 90

a

Verb + Präposition + Akkusativ	Verb + Präposition + Dativ
sich erinnern an	anfangen mit
denken an	suchen nach
warten auf	teilnehmen an
sich bedanken für	sich fernhalten von
	gratulieren zu

b Ergänzungen des Verbs

Präposition + Nomen	Präpositionalpronomen + Nebensatz/Infinitivsatz
Angefangen habe ich mit einer ganz kleinen Geige ...	*Du hast als Dreijährige damit angefangen, Geigenunterricht zu nehmen.*
Nach meiner Geige habe ich vier Monate gesucht.	*Ich erinnere mich daran, wie ich in die Hochschule pilgerte.*

Steht die Präposition nicht vor einem Nomen oder Pronomen, sondern vor
einem Nebensatz oder Infinitivsatz, dann verbindet man sie mit der Vorsilbe *da-*, z.B. *dafür, damit, danach* usw. Beginnt die Präposition mit
einem Vokal, lautet die Vorsilbe *dar-*, z.B. *daran, darauf, darüber* usw.

3   Infinitiv + *zu*
ÜG S. 152

Der Infinitiv mit *zu* kann stehen:

links vom Hauptverb	*Ein ideales Lied herauszubringen ist recht einfach.*
rechts vom Hauptverb	*Die Musiker begannen, den Geschmack der Leute zu untersuchen.*
mitten im Satz	*Danach haben sie zu komponieren angefangen.*
nach einem Verb mit fester Präposition	*Die meisten Zuhörer hoffen darauf, ihren Lieblingshit zu hören.*

Bei den Modalverben und den Verben *bleiben, gehen, helfen, hören,*
lassen, lernen und *sehen* steht der Infinitiv **ohne** *zu*.
Beispiel: *Ich höre ihn Gitarre spielen.*

SPORT

__1__   **Was sehen Sie auf dem Foto?**

a Wo befindet sich dieser Mann?
b Wie ist er angezogen?
c Wie finden Sie ihn?

__2__   **Lesen Sie die folgende Kurzbiographie.**
Warum ist Messner eine berühmte Persönlichkeit?

Reinhold Messner Bergsteiger – Autor – Bergbauer

geboren am 17. September 1944 in Südtirol, Italien (Muttersprache Deutsch) als eins von neun Kindern

Schule in Bozen, Italien

Studium des Hoch- und Tiefbaus in Padua, Italien

Bergtouren, etwa 100 Erstbesteigungen

alle 14 Achttausender bestiegen

zu Fuß durch die Antarktis, Grönland, Tibet
und die Wüste Takla Makan

1 Zeitungsartikel

Welche Aussage passt zu welchem Artikel? Nicht alle Aussagen passen.

- **a** Messner ist ein guter Geschäftsmann.
- **b** Messner verlor seinen Bruder bei einer Bergtour.
- **c** Messner hat sich am Knie verletzt.
- **d** Für Messner ist der Tod seines Bruders ein Problem.
- **e** Messners Besteigung des höchsten Berges der Welt
- **f** Messners Zuhause
- **g** Messner plant ein gefährliches Unternehmen.
- **h** Messner ist ein passionierter Jäger.

a	**b**	**c**	**d**	**e**	**f**	**g**	**h**
6	–						

1 Auf Knien zum Gipfel
Wie Reinhold Messner und sein Kamerad Peter Habeler es schafften, den höchsten Berg der Welt zu bezwingen – zum ersten Mal ohne künstlichen Sauerstoff.

2 DAS SUPERDING DES BERGKÖNIGS
Der „Weltmeister der Alpinisten" will ohne Sauerstoffgerät und mit nur 20 kg Gepäck den Mount Everest (8848 m) bezwingen. Was treibt den eigenwilligen Abenteurer und Schriftsteller zum Vabanquespiel zwischen Gipfel und Grab?

3 Tod im Eis – die Messner-Tragödie
Der Bruder des bekannten Bergsteigers Reinhold Messner kam 1970 während einer spektakulären Expedition auf dem 8125 Meter hohen Nanga Parbat im Himalaja ums Leben. Wie ist Günther Messner umgekommen? Dieser Frage geht ein Dokumentarfilm mit Interviews nach, in denen Teilnehmer der Expedition zu Wort kommen.

4 Besuch bei dem Abenteurer auf seiner Burg in Südtirol
Dreizehn Jahre hat Messner an seiner Südtiroler Burg Juval herumgebaut, in der er im Sommer mit Frau und Kindern lebt.

5 „Es ist eine lebenslange Last"
Über ein Leben mit der Schuld grübelt Reinhold Messner, 58, der ehemalige Extrembergsteiger und heutige Europaabgeordnete der Grünen. Die Leiche seines Bruders wurde bis heute nicht gefunden.

6 ZWISCHEN FERNWEH UND KOMMERZ
„Ich bettle nicht", sagt Reinhold Messner, „ich fordere". Schließlich ist er der „King" unter den Bergsteigern, hat neue Maßstäbe im Alpinismus (und seiner geschäftlichen Nutzung) gesetzt.

2 Lesen Sie jetzt die folgende Beschreibung.
Beantworten Sie danach die Fragen zu zweit.

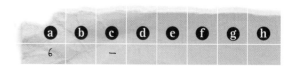

Die erste Bergtour

Er erinnert sich noch genau, wie er in der Früh um fünf geweckt wurde. Zähneklappernd von der kalten Morgenluft zog er sich an, während der Vater den Rucksack füllte und auch ein Seil einpackte. Maria, seine Mutter, kletterte als Erste, ihr folgte der Vater, dahinter Helmut, der ältere Bruder, und als Letzter Reinhold. Das war nun die erste richtige Klettertour. In dem Augenblick, in dem sie zu klettern begannen, erschien es Reinhold viel einfacher, als er sich das gedacht hatte. Es war ein aufregendes Gefühl, als sie das eiserne Gipfelkreuz vor sich erblickten. Auf dem Gipfel begrüßte sie eine Gruppe von Bergsteigern. Man schüttelte sich die Hände und gratulierte den beiden Jungen zu ihrem Klettererfolg. Er sah hinunter. Unendlich weit ging es die tausend Meter hinunter bis zu den Wiesen, die sich dort im Sonnenschein ausbreiteten. Hier oben pfiff ein ganz rauer Wind. Dann stiegen sie wieder hinunter. Er war froh über das Seil, das ihn mit dem Vater verband, froh über die ruhigen Anweisungen der Mutter. Doch am meisten freute er sich auf seinen gemütlichen Schlafplatz. Es war ein harter Tag gewesen, selbst für die Erwachsenen, am härtesten jedoch für den fünfjährigen Reinhold.

- **a** Wer war bei der Bergtour dabei?
- **b** Wie lange dauerte die Bergtour?
- **c** Welche Ausrüstung nahm der Vater mit? — _Rucksack und Seil_
- **d** Wie war das Wetter an jenem Tag?
- **e** Was erfährt man über die Höhe des Berges?

WORTSCHATZ 1 – *Sport*

__1__ Markieren Sie im Lesetext *Die erste Bergtour* Wörter, die mit dem Thema *Bergsteigen* zu tun haben.

a Ordnen Sie diese Wörter und klären Sie ihre Bedeutung.

Verben	Nomen
klettern	die Bergtour

b Was braucht ein Bergsteiger außer Seil und Rucksack eventuell noch?

__2__ Denken Sie jetzt an Sport ganz allgemein.

a Was fällt Ihnen spontan ein? Sammeln Sie Wörter.

b Welche Funktion oder Qualität haben die Sportarten, die Sie gesammelt haben? Ordnen Sie zu.

Erholung	Fitness	Wettkampf/Turnier	Extremsport
Wandern	Aerobic	Tennis	um die Welt segeln

`AB`

__3__ *spielen* oder *machen*

a Welche Verben passen zu welchen der folgenden Sportarten?
b Wer übt diese Sportart aus?
c Wo wird diese Sportart ausgeübt?
d Welche Ausrüstung ist dazu nötig?

Basketball – Bergsteigen – Eishockey – Fußball – Golf – Gymnastik – Handball – Joggen – Judo – Karate – Laufen – Leichtathletik – Reiten – Schwimmen – Surfen – Tennis – Tischtennis – Turnen – Volleyball – Wandern – Windsurfen	auf dem Platz – auf dem Wasser – im Freien – im Gebirge – im Stadion – in der Halle – überall – ...	das Brett – der Anzug – der Ball – der Puck – der Schläger – die Hose – die Schuhe – die Stiefel – ...

Sportart	*spielen* oder *machen*	Person	Ort	Ausrüstung
Basketball	spielen	der/die Basketballspieler/in	die Sporthalle	Ball

e Welche Sportarten (z.B. *Reiten*) werden ohne die Verben *spielen* oder *machen* gebildet? Warum wohl?

__4__ Unterhalten Sie sich zu zweit.

a Welche Sportarten spielen in Ihrem Land eine besondere Rolle?
b Spielen/Machen Sie selbst auch ... ?

> *Bei uns ist Fußball die beliebteste Sportart.*
> *Ich selber spiele oft/gelegentlich/manchmal/*
>   *leider nicht Fußball.*
> *Ich spiele lieber Tennis/...*

`AB`

LESEN 2

1 **Sehen Sie sich die Fotos an.**
Welche dieser Trend-Sportarten kennen Sie?
Welche würden Sie gern ausüben oder lernen?

2 **Lesen Sie den Text aus dem Internet.**
a Was versteht man unter Ausdauertraining?
b Wofür ist es gut?
c Worauf sollte man beim Training achten?

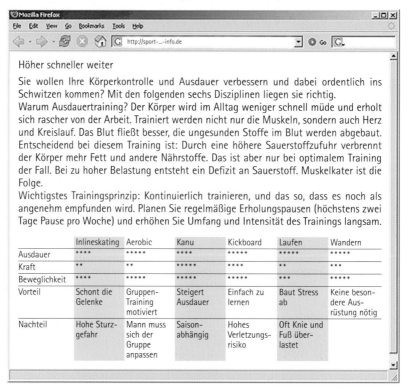

Höher schneller weiter

Sie wollen Ihre Körperkontrolle und Ausdauer verbessern und dabei ordentlich ins Schwitzen kommen? Mit den folgenden sechs Disziplinen liegen sie richtig.
Warum Ausdauertraining? Der Körper wird im Alltag weniger schnell müde und erholt sich rascher von der Arbeit. Trainiert werden nicht nur die Muskeln, sondern auch Herz und Kreislauf. Das Blut fließt besser, die ungesunden Stoffe im Blut werden abgebaut. Entscheidend bei diesem Training ist: Durch eine höhere Sauerstoffzufuhr verbrennt der Körper mehr Fett und andere Nährstoffe. Das ist aber nur bei optimalem Training der Fall. Bei zu hoher Belastung entsteht ein Defizit an Sauerstoff. Muskelkater ist die Folge.
Wichtigstes Trainingsprinzip: Kontinuierlich trainieren, und das so, dass es noch als angenehm empfunden wird. Planen Sie regelmäßige Erholungspausen (höchstens zwei Tage Pause pro Woche) und erhöhen Sie Umfang und Intensität des Trainings langsam.

	Inlineskating	Aerobic	Kanu	Kickboard	Laufen	Wandern
Ausdauer	****	*****	****	*****	*****	*****
Kraft	**	**	*****	****	**	***
Beweglichkeit	****	*****	*****	*****	***	*****
Vorteil	Schont die Gelenke	Gruppen-Training motiviert	Steigert Ausdauer	Einfach zu lernen	Baut Stress ab	Keine besondere Ausrüstung nötig
Nachteil	Hohe Sturz-gefahr	Mann muss sich der Gruppe anpassen	Saison-abhängig	Hohes Verletzungs-risiko	Oft Knie und Fuß über-lastet	

3 **Vergleichen Sie zwei der sechs Sportarten.**
Beispiel: *Das beste Krafttraining ist ...*
... bringt dagegen viel weniger Kraft.
... bringt dagegen weniger für die Ausdauer. Genau wie ...

AB

4 **Empfehlen Sie Ihren Lernpartnern eine dieser Sportarten.**
A *Ich würde gern mal Kanufahren ausprobieren.*
B *Also ich würde Ihnen eher Wandern als Kanufahren empfehlen.*
A *Warum denn das?*
B *Zum Wandern brauchen Sie keine besondere Ausrüstung. Außerdem ist es nicht so saisonabhängig wie ...*

WORTSCHATZ 2 – *Landschaften und Klima*

__1__　Landschaften

    a Sehen Sie sich die Fotos an. Welche Landschaften sind abgebildet?
    b Welche Landschaft gefällt Ihnen am besten?

    c Ergänzen Sie die Liste.

Landschaft	Klima	Merkmale
Gebirge	kalt, eisig	Eis, Schnee

AB

__2__　**Was gehört zusammen?**
Ergänzen Sie die passenden Nomen.

der Sand – die Bäume – das Wasser – die Spitze – der Schnee – die Blumen – die Hitze – die Kälte – das Salz – der Gipfel – das Gras

das Meer	das Salz
der Berg	
das Eis	
die Wiese	
die Wüste	
der Urwald	

__3__　**Was ist das Gegenteil?**

hoch	tief
heiß	
trocken	
gebirgig	
schmal	
leicht	
groß	
ruhig	
glühend	
gemäßigt	
lang	

AB

__4__　Welche Adjektive aus Aufgabe 3 passen zu den Landschaften aus Aufgabe 1?
Machen Sie Sätze. Beispiel: *Die Berge sind hoch.*

__5__　Quiz: Stadt – Land – Fluss
Die Klasse teilt sich in zwei Gruppen. Jede Gruppe stellt der anderen Fragen zur Geographie, in denen ein Superlativ vorkommt. Gewonnen hat die Gruppe mit den meisten richtigen Antworten.
Frage: das Gebirge (hoch): *Wie heißt das höchste Gebirge der Erde?*
Antwort: *Himalaja.*

auf der Erde	in Deutschland/Österreich/der Schweiz
das Gebirge (hoch) – der Kontinent (klein) – das Land (groß) – das Land (bevölkerungsreich) – das Land mit Fläche (groß) – der Binnensee (groß) – der Wasserfall (hoch) – ...	die Stadt (groß) – die zwei Flüsse (groß und lang) – der Berg (hoch) – der See (groß) – das Bundesland (bevölkerungsreich) – ...

9

__1__ **Sehen Sie sich das Foto an.**
Warum sind die beiden hier wohl zusammen abgebildet?

__2__ **Sehen Sie sich den Text unten an, ohne ihn schon genau zu lesen.**
Um was für eine Art von Text handelt es sich?

☐ um einen Plan
☐ um eine Zeittafel
☐ um eine Geschichte
☐ um einen Lexikoneintrag

__3__ **Unterstreichen Sie beim ersten Lesen Schlüsselwörter.**

Sir Edmund Hillary und Reinhold Mess

Everest-Chronik

1749	Eine indische Landvermessungsgruppe entdeckt einen sehr hohen Gipfel im Himalaja.
1856	Berechnungen ergeben, dass dieser Gipfel höher ist als irgendein bis dahin bekannter Gipfel. Verschiedene Namen werden vorgeschlagen. Man entscheidet sich für Mount Everest nach Sir George Everest, dem Leiter der indischen Landvermessung. Die Höhe wird auf 8840 Meter errechnet. Seit 1955 gilt als Höhe 8848 Meter.
1920	Der Brite Charles Bell erhält von der Regierung Tibets die Genehmigung zur ersten Everest-Expedition.
1953	Der Neuseeländer Edmund Hillary und der Nepalese Tenzing Norgay stehen im Rahmen der zehnten britischen Everest-Expedition als die ersten Menschen auf dem Gipfel.
1975	Japanische Frauenexpedition unter Eiko Hisano. Am 16.5. ersteigt Junko Tabei mit Sherpa Sirdar Ang Tsering als erste Frau den Everest.
1978	Die Südtiroler Reinhold Messner und Peter Habeler erreichen als Erste den Gipfel ohne Verwendung von künstlichem Sauerstoff.
1988	Jean-Marc Boivin steigt mit einem tragbaren Paragleiter auf und gleitet in 11 Minuten hinab zum Lager II.
1996	Acht Kletterer sterben in einem Sturm, unter ihnen die routinierten Bergführer Rob Hall und Scott Fischer. Jon Krakauers Bestseller *Into Thin Air* eröffnet eine öffentliche Debatte über die Ursachen des Unglücks.
2000	Sherpa Babu Chiri klettert in der Rekordzeit von weniger als 17 Stunden über die Südseite vom Basislager zum Gipfel. Im folgenden Jahr stirbt er bei einem Sturz in eine Gletscherspalte in der Nähe von Lager II.
2001	Marco Siffredi gelingt die erste Abfahrt vom Gipfel auf einem Snowboard. Er bleibt im folgenden Jahr nach einem Versuch, den Hornbein Couloir abzufahren, verschollen.
2003	Im April besteigen die Finalisten der Reality-Fernsehsendung *Global Extremes* den Everest. Die Zuschauer erleben das Erreichen des Gipfels live im Fernsehen mit.

<u>4</u> **Fragen zum Text**

ⓐ Seit wann ist der Everest als Berg bekannt?

ⓑ Aus welchem Land stammt die erste Frau, die den höchsten Berg der Welt bestiegen hat?

ⓒ Wie heißen die Einheimischen, die eine Everest-Expedition begleiten?

ⓓ Was war Messners besondere Leistung?

ⓔ Wer waren die ersten Menschen auf dem Gipfel des Everest?

ⓕ Von wem hat der höchste Berg der Welt seinen Namen?

ⓖ Wie lange dauerte der schnellste Anstieg vom Basislager zum Gipfel?

ⓗ Mit welchen Sportgeräten sind Bergsteiger wieder vom Everest heruntergekommen?

<u>GR 5</u> **Ordinalzahlen**

GR S. 116/4

ⓐ Unterstreichen Sie im Lesetext Ausdrücke, denen Zahlen zugrunde liegen.

ⓑ Markieren Sie die Artikel und Endungen in der Tabelle unten.

Kasus	Singular + bestimmter Artikel	Plural + bestimmter Artikel	Singular ohne Artikel
Nominativ	Beispiel der erste Bergsteiger die erste Expedition das erste Mal	m/f/n: die ersten Bergsteiger	m: erster Mensch f: erste Frau n: erstes Kind
Akkusativ	den ersten Bergsteiger die erste Expedition das erste Mal	die ersten Bergsteiger	
Dativ	dem ersten Bergsteiger der ersten Expedition (zu dem) zum ersten Mal	den ersten Bergsteigern	
Genitiv	des ersten Bergsteigers der ersten Expedition des ersten Kindes	(einer) der ersten Bergsteiger	

`AB`

<u>GR 6</u> **Die höchsten Berge der Welt**

GR S. 116/3

Vergleichen Sie die Berge auf dem Bild rechts und danach die Berge aus dem Kasten unten.

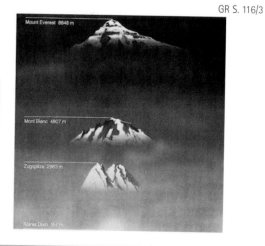

Höhe	Berg	Land
4807 m	Montblanc	Frankreich
8848 m	Mount Everest	Nepal
3798 m	Großglockner	Österreich
2963 m	Zugspitze	Deutschland
6768 m	Huascarán	Peru

etwas – kaum – viel – wesentlich ebenso – genauso – (bei weitem) nicht so	höher als hoch wie	*Der Everest ist wesentlich <u>höher als</u> der Montblanc. Der Montblanc ist bei weitem nicht <u>so</u> hoch <u>wie</u> der Mount Everest.*

`AB`

1 Traumberufe

⓪ Welche Berufe sind in Ihrem Land bei Kindern und Jugendlichen besonders beliebt?

⓫ Was ist wichtig bei einem Traumberuf? Kreuzen Sie an.

☐ Man hat viel Freiheit.   ☐ Man hat viel Freizeit.   ☐ Man verdient viel Geld.   ☐ Man kann viel in der Natur sein.

2 Lesen Sie den Fragebogen.
Klären Sie unbekannte Wörter.

Reinhold Messner:

Traumberuf Abenteurer

1	Welchen Traumberuf hatten Sie als Kind?	Abenteurer.
2	Hat sich dieser Traum erfüllt?	Ja. Siehe meine Biographie.
3	Wer oder was war wichtig für Ihre Berufswahl?	Erlebnisse in der Kindheit.
4	Woran sollten sich junge Leute bei der Wahl des Berufs orientieren?	Daran, was sie gern tun, an ihrer inneren Stimme, Begeisterung.
5	Welche Erinnerungen haben Sie an Ihre Ausbildung?	Schlechte, alptraumhafte.
6	Welche Ziele haben Sie sich beim Berufsstart gesetzt?	Höchste Ansprüche an mich selbst.
7	Wie haben Sie Ausbildung und Studium finanziert?	Durch Arbeit, zum Beispiel als Bergführer im Sommer.
8	Welche Ihrer Eigenschaften sind für Ihre berufliche Tätigkeit besonders wichtig?	Identifikation mit dem, was ich mache.
9	Welche Eigenschaften sind außerdem in der heutigen Berufswelt gefragt?	Kreativität, Ausdauer.
10	Was können Sie heute noch aus Ihrer Ausbildung/aus Ihrem Studium brauchen?	Fast nichts.

3 Bewertung

⓪ Aus welchen dieser Antworten erfahren Sie viel über den Menschen Reinhold Messner?

⓫ Welche Antworten Messners finden Sie für sich persönlich interessant, welche nicht?

4 Interview

Stellen Sie Ihrer Lernpartnerin/Ihrem Lernpartner die Fragen aus dem Fragebogen. Wo nötig, passen Sie die Fragen an die Situation an.
Beispiel: *Welchen Traumberuf haben Sie/hast du?* Notieren Sie sich die Antworten und stellen Sie die beiden interessantesten Antworten in der Klasse vor.

HÖREN

1 **Unterhalten Sie sich zu zweit.**

Haben Sie schon einmal eine der folgenden Aktivitäten unternommen?
Wann und wo war das?

< die Wandertour – das Felsklettern – das Bergsteigen – die Skitour – (der) Skilanglauf

2 **Was sehen Sie auf den Fotos?**

Zu welcher modernen Sportart gehört diese Ausrüstung wohl?

3 **Hören Sie die Radiosendung „Sanftes Fitness-Training".**

Sie hören die Sendung einmal ganz. In welcher Reihenfolge hören Sie
diese Themen? Nummerieren Sie.

☐ Ausrüstung   ☐ Tipps für das Training
☐ Meinungen zu der Sportart   ☐ Vorteile der Sportart
☐ Technik

4 **Hören Sie die Sendung in Abschnitten noch einmal.**

Bearbeiten Sie die Aufgaben zu jedem Abschnitt.

Abschnitt 1 Was ist richtig? Kreuzen Sie an.

Nordic Walking ist für Menschen, die
☐ über 75 Jahre alt sind,   ☐ sportlich sehr aktiv sind,
☐ mindestens 10 Jahre alt sind,   ☐ einen preiswerten Sport suchen,
☐ zwischen 10 und 75 sind,   ☐ andere Sportarten wirkungslos finden.

Die Vorteile von Nordic Walking sind:
☐ Der Sport wirkt sich positiv auf Arme und Beine aus.
☐ Fast alle Teile des Körpers werden trainiert.
☐ Es ist besonders gut für Herz und Kreislauf.

Abschnitt 2 Wie lange dauert es, Nordic Walking zu lernen? _____

Woran erkennt man, ob man optimal trainiert?
☐ am Schweiß   ☐ am roten Kopf   ☐ am Herzschlag

Abschnitt 3 Als Ausrüstung braucht man ...? Kreuzen Sie an.
☐ Joggingschuhe   ☐ spezielle Schuhe   ☐ Holzstöcke
☐ hohe Sportschuhe   ☐ Skistöcke   ☐ spezielle Stöcke

Warum lehnen manche Leute Nordic Walking ab? _____

5 **Möchten Sie Nordic Walking ausprobieren?**

1 **Haben Sie schon einmal einen Sportunfall gehabt?**
Tauschen Sie sich mit Ihrer Lernpartnerin/Ihrem Lernpartner aus.
Erzählen Sie anschließend in der Klasse, was Sie erfahren haben.   AB

2 **Ist das gefährlich?**
Begründen Sie Ihre Meinung.

	ja	nein
ⓐ Anita springt an einem Gummiseil von einer 80 Meter hohen Brücke. (Bungeejumping)		
ⓑ Frau K. will mit 45 Jahren noch einen Marathon laufen.		
ⓒ Peter möchte mit dem Auto allein durch die Wüste Sahara fahren.		
ⓓ Johannes will von Frankreich nach England schwimmen.		
ⓔ Laura möchte mit einem Gleitschirm von der Zugspitze springen.		

3 **Gefahren beim Sport**
Ergänzen Sie unten passende Sportarten und bilden Sie sinnvolle Sätze.
Achten Sie auf den richtigen Satzbau.

Sportart	Verb	Körperteil	Beispiel
Reiten	verletzen	der Kopf	*Beim Reiten kann man vom Pferd fallen und sich den Kopf verletzen.*
Skifahren	brechen	das Bein	
Volleyball	wehtun	das Gelenk	
	überstra-pazieren	die Wirbel-säule	
		der Zeh	
		der Knochen	

4 **Lesen Sie die folgenden Aussagen.**
ⓐ Um welches Problem geht es?
ⓑ Welche Meinung haben die drei Befragten?

Die Berge werden zunehmend von Menschen bestiegen, die sonst nie etwas Höheres als einen Barhocker erklimmen. Dutzende Male passieren tödliche Unfälle beim Gipfel-Foto. Man tritt einen Meter zurück und noch einen Meter – und plötzlich dann der Schritt ins Leere.

Der Stress ist dort am größten, wo Ungeübte meinen, sie müssten sich mit Profis messen. So kommt es sogar bei Sportarten wie Joggen oder Radfahren zu Überbelastungen. Wer seine Grenzen nicht kennt, lebt im Sport gefährlich.

Wir wollten segeln. Das Meer war aber leider sehr unruhig. Ein Ehepaar aus unserem Hotel wollte nicht auf besseres Wetter warten. Ihr Urlaub war ihnen einfach zu kurz, um zu warten, und ihr Ehrgeiz war riesig. Deshalb kam es zu einem schweren Unfall.

AB

5 **Stimmen Sie dieser Meinung zu? Warum? Warum nicht?**

Ja, ich bin auch der Meinung, …
Ja, ich finde auch, dass …
Nein, ich denke nicht, dass …
Also, ich glaube nicht, …
Ich habe mich noch nie mit dieser Frage beschäftigt.

SCHREIBEN

1 Lesen Sie, was das Nachrichtenmagazin „Der Spiegel" berichtet.

Alpinismus

Schlechtes Wetter, Leichtsinn und Abenteuerlust:
Schon über 50 Bergsteiger stürzten diesen Sommer in den Alpen in den Tod.

Oft wundern sich Menschen, die mit Hubschrauber und modernster Technik aus Bergnot gerettet wurden, wenn sie danach eine Rechnung erhalten, die 5 000 Euro und mehr ausmachen kann. Während in Deutschland, Österreich und der Schweiz jeder die Kosten für solche Rettungsaktionen selber tragen muss, trägt in Frankreich der Staat diese Kosten. Seit der jüngsten Unfallserie am Montblanc gibt es jedoch eine Kontroverse darüber, ob die Großzügigkeit sinnvoll ist.

2 Schreiben Sie zu diesem Artikel einen Leserbrief.

Schritt 1 Welche Meinung haben Sie? Wählen Sie eine der beiden Möglichkeiten.

Wenn jemand in den Bergen verunglückt und mit dem Hubschrauber gerettet wird,	
ⓐ soll der Staat das bezahlen.	ⓑ soll er selbst dafür zahlen.

Schritt 2 Warum sind Sie dieser Meinung?

ⓐ Ein Bergunfall kann jedem passieren, auch ohne Schuld.	ⓓ Jeder ist für sich selbst verantwortlich.
ⓑ Die Kosten für die Rettung sind für den Einzelnen zu hoch.	ⓔ Wer abstürzt, war nicht vorsichtig genug. Strafe muss sein.
ⓒ Das Opfer hatte schon genug zu leiden.	ⓕ Wenn der Staat zahlt, nehmen die Leute die Gefahr zu wenig ernst.

Schritt 3 Was gehört alles zu einem Leserbrief?
Ordnen Sie die typischen Merkmale des Leserbriefs und das passende Beispiel zu.

Merkmal	Beispiel
Datum	Mit freundlichen Grüßen
Betreff	Herbert Mustermann
Anrede	Sehr geehrte Damen und Herren,
Unterschrift	Frankfurt, 17. März 20..
Gruß	Ihr Artikel zum Alpinismus

Schritt 4 Setzen Sie jetzt Ihren Leserbrief zusammen.
Sagen Sie,
- was Ihre Meinung zu dem Thema ist,
- warum Sie diese Meinung vertreten,
- wer bei Bergunfällen in Ihrem Heimatland die Kosten übernimmt.
Schließen Sie mit einem Gruß.

`AB`

3 Kontrollieren Sie nach dem Schreiben Ihren Brief.
Fragen Sie sich dabei:
ⓐ Habe ich die Sätze miteinander verbunden, d.h. Wörter wie *und*, *weil*, *deshalb* usw. verwendet?
ⓑ Habe ich alle wichtigen Merkmale der Textsorte *Leserbrief* verwendet?

1 Formen des Komparativs und Superlativs   ÜG S. 38

a regelmäßig

Grundform	Komparativ -er-	Superlativ -(e)st-
berühmt	berühmter	am berühmtesten
der berühmte Bergsteiger	der berühmtere Bergsteiger	der berühmteste Bergsteiger

b unregelmäßig

Grundform	Komparativ -er-	Superlativ -(e)st-	Besonderheiten
gut	besser	best-	
viel, viele	mehr	meist-	
gern	lieber	liebst-	
hart	härter	härtest-	mit Umlaut
groß	größer	größt-	a, o, u – ä, ö, ü
jung	jünger	jüngst-	
nah	näher	nächst-	Konsonantenwechsel
hoch	höher	höchst-	h – ch
dunkel	dunkler	dunkelst-	Vokalverschleifung
teuer	teurer	teuerst-	Adjektive auf -el (wie *dunkel*)
trocken	trock(e)ner	trockenst-	Adjektive auf -er (wie *teuer*)
			Adjektive auf -en (wie *trocken*)
frisch	frischer	frischest-	mehrsilbige Adjektive auf -d, -s, -sch,
wild	wilder	wildest-	-ss, -ß, -t, -tz, -x, -z (wie *frisch*)

2 Stellung des Superlativs

Kasus	Superlativ beim Nomen		Superlativ beim Verb	
	Singular	Plural	Singular	Plural
Beispiel Nominativ	m: der höchste Berg f: die höchste Spitze n: das höchste Niveau	m/f/n: die höchsten Berge/Bergspitzen/ Niveaus	m/f/n: Der Berg/Die Bergspitze/Das Niveau ist am höchsten.	m/f/n: Die Berge/Die Bergspitzen/Die Niveaus sind am höchsten.

3 Vergleichskonstruktionen: *wie* oder *als*

Grundform	(genau-, nicht) so ... wie	*Die Zugspitze ist nicht so hoch wie der Montblanc.*
Komparativ +	... als	*Der Montblanc ist höher als die Zugspitze.*

4 Ordinalzahlen   ÜG S. 42

a Wortbildung

Zahl	Wortstamm	+	Adjektivendung
1.	erst-		der erste Mensch
2.	zweit-		die zweite Frau
3.	dritt-		das dritte Kind
4.-19.	vier-	t	den vierten Achttausender
20. usw.	zwanzig-	st	auf der zwanzigsten Bergtour

b Deklination. Die Ordinalzahlen werden wie ein Adjektiv dekliniert.

Kasus	Singular mit bestimmtem Artikel	Plural mit bestimmtem Artikel	Singular ohne Artikel
Beispiel Nominativ	m: der erste Mensch f: die zweite Frau n: das dritte Kind	m/f/n: die ersten Menschen	m: als vierter Sohn f: als zweite Tochter n: als drittes Kind

Sehen Sie sich das Bild eine Minute lang aufmerksam an.
Schließen Sie dann das Buch.

a Beschreiben Sie den Mann auf dem Foto.

b Was für ein Charakter könnte hinter diesem Äußeren stecken? Was meinen Sie?

c Was wird er wohl von Beruf sein?

d Kennen Sie diesen Mann? Ist er

☐ Franz Beckenbauer?
☐ Karl Lagerfeld?
☐ Günter Grass?

AB

LESEN 1

1   Berühmte Modeschöpfer

ⓐ Welche berühmten Modeschöpfer kennen Sie?

ⓑ Was würden Sie in einem Buch über berühmte Modeschöpfer gern über diese Personen erfahren? Notieren Sie einige Stichpunkte.
Beispiele: *Herkunft, Anfänge in diesem Beruf, …*

2   Lesen Sie nun einen Artikel über Karl Lagerfeld.
Überprüfen Sie, ob Ihre wichtigsten Fragen beantwortet sind.

ⓐ *Lagerfelds Auftreten nach außen*

Für die Öffentlichkeit spielt er den verwöhnten Aristokraten von grenzenloser Freiheit in seinen Interessen – einen, der über den Regeln steht, wenn er sie brechen will, nicht jedoch, wenn er sie in Stein graviert. Karl Lagerfelds Kleider und Markennamen sind sehr verschieden, doch fast alles ist das Beste in seiner Klasse. Als Designer ist er ein Virtuose, als Person eher zum Fürchten.

ⓑ

ⓒ

Er wurde 1938 als Sohn eines skandinavischen Industriellen und
10 dessen westfälischer Frau geboren. Von früh an zeigte er seine besondere Neigung zu Kunst, Sprachen, Geschichte – und gehobenem Lebensstil. Eine Anekdote berichtet, er habe sich zu seinem vierten Geburtstag einen Diener gewünscht – den er allerdings nicht bekam. Eine seiner frühesten Jugenderinnerungen ist angeblich, wie
15 er diesem (nicht existierenden) Kammerdiener beibringt, einen Hemdkragen korrekt zu bügeln. Als seine Familie nach Paris zog, wurde die Mode zu einem seiner vielen Interessengebiete. Während er noch das Gymnasium besuchte, durfte er seine Mutter auf ihrer Runde zu den „Modemachern" begleiten.

ⓓ

20 1954, im Alter von 16 Jahren, gewann er den ersten Preis für Damenmäntel in einem internationalen Wettbewerb. Ein anderer Sechzehnjähriger, Yves Saint-Laurent, gewann denselben Preis für seine Kleider. Pierre Balmain nahm Lagerfelds siegreichen Entwurf in seine Produktion auf und machte den jungen Mann zum Assis-
25 tenten in seinem Designerteam. Nach dreieinhalb Jahren wurde es Lagerfeld dort zu langweilig, und er wurde zum Chefdesigner im Haus Patou. Dieses Mal fühlte er sich dort schon nach einem Jahr nicht mehr wohl.

ⓔ

ⓕ

Lagerfelds nächste Verbindung ergab sich mit dem noch jungen
30 Haus Chloé. Bis zum Jahr 1970 hatte Lagerfeld diesem Haus einen Namen gemacht. Er und Chloé waren für die nächste Dekade bekannt für einen Look von besonderer Leichtigkeit. Er schnürte seidene Blusen um die Taille wie Strickjacken, wickelte Schals um Hüfte, Taille, sogar um den Oberarm und um hochstehende
35 Kragen in einem Look, den man „byronesk"[1] nannte.

ⓖ

Die meisten seiner Kleider wurden für ihre einfache und moderne weibliche Linie gelobt. Doch gab es auch einen Hang zur Fülle in Lagerfelds Entwürfen: geknöpfte Handschuhe mit Spielkartenmotiven, seidene Fächer und Sonnenschirme. Später gab es aufgestickte
40 diamantglitzernde Gitarren und sprudelnde Wasserhähne.

ⓗ

[1] nach Lord Byron, englischer Dichter, 1788–1824

1983 wurde Lagerfeld künstlerischer Direktor des Hauses Chanel, das zu der Zeit noch nicht bekannt war.
Sein Ruf als Wunderknabe hängt vor allem mit seiner ungewöhnlichen Vielseitigkeit zusammen sowie mit seinem großen Bestreben,
45 unabhängig zu bleiben. Er gründete nie eine eigene Firma, er nahm sich vielmehr die Freiheit, überall hingehen zu können, wo er gerade Spannung und Amüsement erwartete.

___3___   **Welche Stichworte passen zu welcher Textstelle?**
Ordnen Sie sie in der rechten Randspalte zu.

Lagerfelds Auftreten nach außen

Entdeckung der Mode

seine Produkte – genial

Abstammung und Herkunft

erster großer Erfolg als Designer

Schaffung eines neuen leichten Stils

Gründe für den Erfolg

seine ersten Arbeitgeber

Kontraste zur „einfachen Linie"

`AB`

GR ___4___   **Beschreibungen**   GR S. 128/1,2
Kreuzen Sie an. Beschreibungen von Personen oder Kleidungsstücken enthalten besonders viele
☐ Verben. ☐ Präpositionen. ☐ Adjektive und Partizipien.

GR ___5___   **Partizip in Adjektivfunktion**
Ergänzen Sie aus dem Text Nomen mit Adjektiven und Nomen mit Partizipien in Adjektivfunktion.

Nomen + Adjektiv	Nomen + Partizip I	Nomen + Partizip II
von grenzenloser Freiheit	*diesem nicht existierenden Kammerdiener*	*den verwöhnten Aristokraten gehobenem Lebensstil*

`AB`

GR ___6___   **Ergänzen Sie die Regeln.**
a Das Partizip I in Adjektivfunktion bildet man aus dem Infinitiv
des Verbs + _____ + Adjektivendung.
b Das Partizip II in Adjektivfunktion bildet man aus der Partizip-II-Form
des Verbs + _____ .

Partizip in Adjektivfunktion	Bildung	Beispiel
Partizip I	Infinitiv + *d* + Adjektivendung	*existieren-d-en*
Partizip II	Partizip II + Adjektivendung	*verwöhnt-en*
		gehoben-em

`AB`

WORTSCHATZ – *Projekt: Modenschau*

__1__ ### Spiel: Kleidertausch

Die Klasse teilt sich in zwei Gruppen. Die beiden Gruppen stellen sich einander gegenüber auf. Die Spieler merken sich möglichst genau, wie die Mitglieder der anderen Gruppe gekleidet sind. Dann drehen sich die Gruppen jeweils um und tauschen innerhalb einer Gruppe 8 bis 10 Kleidungsstücke aus. Nun drehen sie sich wieder einander zu. Jede Gruppe muss nun möglichst schnell alle in der anderen Gruppe vertauschten Kleidungsstücke herausfinden. Gewonnen hat die Gruppe, die es zuerst geschafft hat.

(Pedro) hat mit ... den Pullover getauscht.
... trägt jetzt (Annas) Armbanduhr.

__2__ ### Projekt: Modenschau

a Sehen Sie sich die Fotos an. Was tragen die Personen? Beschreiben Sie die Kleidungsstücke. Der Wortschatz im Kasten unten hilft Ihnen dabei.

b Schneiden Sie nun aus Zeitschriften, Magazinen und Katalogen Fotos von modisch gekleideten Personen aus. Stellen Sie in Kleingruppen eine Modekollektion Ihrer Wahl zusammen und kleben Sie die gewählten Fotos auf ein großes farbiges Blatt Papier.
Formulieren Sie kleine Werbetexte zu den Fotos.

Hier sehen Sie den neuesten Hit für den Sommer/Winter: Ein/e ...
Dazu empfehlen wir ein/eine/einen ...
Sehr geschmackvoll ist auch ...
Der Mann/Die Dame von Welt braucht heutzutage unbedingt ...
Für kühle Regentage/milde Frühlingstage gibt es jetzt ...

Kleidungsstück	Schuhe	Accessoires	Farben	Muster und Schnitt	Material aus ...
der Anzug, ¨e	der Halbschuh, -e	der Hut, ¨e	grün	einfarbig, uni	Baumwolle
die Bluse, -n	der Stiefel, -	die Mütze, -n	gelb	bunt	Synthetik
das Hemd, -en	der Pumps, -	das Stirnband, ¨er	blau	kariert	Wolle
die Hose, -n	die Sandale, -n	der Handschuh, -e	rot	gestreift	Seide
die Jeans, -	der Turnschuh, -e	der Schal, -s	braun	geblümt	Leinen
die Jacke, -n	der Wanderschuh, -e	das Tuch, ¨er	schwarz	knielang	Samt
das Kleid, -er	mit dicker Sohle	die Krawatte, -n	weiß	mini	Leder
das Kostüm, -e	mit hohem Absatz	die Fliege, -n	grau	wadenlang	Wildleder
der Pullover, -	zum Schnüren	der Gürtel, -	lila	bodenlang	Lack
der Rock, ¨e	mit Reißverschluss	die Halskette, -n	türkis	eng	Pelz

AB

c Wahl des besten Designerteams: Nach der Vorstellung der Kollektionen folgt eine Bewertung. Jede/r kann für die Kollektionen der anderen Gruppen 0–3 Punkte vergeben, ihre/seine eigene Gruppe darf sie/er nicht bewerten. Die Gruppe mit den meisten Punkten hat gewonnen.

10

LESEN 2

<u>1</u> Sehen Sie sich den folgenden Text kurz an, ohne ihn
   genau zu lesen.

   ⓐ Aus was für einem Buch könnte er stammen?
   ⓑ Was ist typisch für diese Textsorte?

<u>2</u> Inhalt

   ⓐ Worum geht es in dem Text?
   ⓑ Warum ist der Text in zwei Abschnitte unterteilt?

Mode (frz.) *die*, 1) allg. der sich wandelnde Geschmack in Kultur, Zivilisation und Lebensweise. M. wird kurzfristig verursacht. Sie wird oft von einzelnen Produzenten gemacht und gesteuert. Soziologie: Im Gegensatz zu den relativ dauerhaften sozialen Institutionen und Verhaltensweisen werden unter M. alle jene sozialen Erscheinungen zusammengefasst, die kurzlebig sind und sich v.a. in Sprache, Kleidung, Tanz, manchen Konsum- und Freizeitgewohnheiten (Sport, Touristik), aber auch in der Wohnweise äußern. Die Soziologie der M. beschäftigt sich v.a. mit den Fragen, wie bestimmte Neuerungen in kurzer Zeit zu einer weit verbreiteten M. werden, inwieweit Moden einen sozialen Wandel signalisierten und ob M. eher ein Medium der Anpassung oder der individuellen Selbstdarstellung sind.

2) im engeren Sinn die zu einer bestimmten Zeit herrschende Art, sich zu kleiden (nach Schnitt, Form, Farbe, Material). Die M. wurde immer nur von einer kleinen Schicht im jeweiligen Zeitalter bestimmt: Bis zur Frz. Revolution war es der Adel, im 19. Jh. trat das internationale Großbürgertum hinzu. Das Entstehen einer M.-Industrie und die Verwendung von Kunststoffen ließen immer mehr Menschen am schnellen Wechsel der M. teilhaben. Film, M.-Zeitschriften, Modenschauen und zunehmender Wohlstand nach dem 2. Weltkrieg tragen zur Verbreitung bei. – Während die M.-Industrie für ständige Neuerungen im Material der Kleidung sorgt, ist der Wandel der modischen Linie das Werk des Modeschöpfers, bes. seit Entstehen der „Haute Couture" um die Mitte des 19. Jh. Die bekanntesten, z.T. noch bestehenden Häuser waren Worth, Lanvin, Poiret, Patou, Schiaparelli, Balmain, Balenciaga.
Nach 1945 traten bes. Dior, Cardin, Ricci, Chanel, Saint-Laurent, Schuberth, Armani hervor. In Dtl. sind führend die Ateliers von Glupp, Oestergaard und Richter.

<u>3</u> Lesen Sie den Lexikonartikel nun genauer.
   Vergleichen Sie die Definition in Spalte 1 mit der in Spalte 2.
   Welche Stichworte kann man welcher Spalte zuordnen?

   ☒ Mode als soziale Erscheinung ☐ plötzliches Auftreten und Verschwinden
   ☐ die Art, wie man sich kleidet ☐ nicht nur auf Kleidung bezogen
   ☐ Frage: Wie entsteht Mode?   ☐ der Modeschöpfer macht den Stil
   ☐ Geschichte der Mode   ☐ Bedeutung der Mode für das Individuum
   ☐ Modeindustrie und Stoffe

<u>4</u> Erklären Sie die Abkürzungen aus dem Lexikonartikel.

   frz. = *französisch*   allg. = _____
   M.   = _____   bes. = _____
   Jh. = _____   v.a. = _____
   Dtl. = _____   z.T. = _____   `AB`

<u>5</u> Modeströmungen
   Was sind die derzeitigen Modeströmungen (nicht nur in Bezug auf
   Kleidung) in Ihrem Heimatland? Was halten Sie davon?   `AB`

<u>1</u> **Kennen Sie ein Märchen, in dem** *böse Stiefschwestern, Tauben*
und *ein goldener Schuh* **eine wichtige Rolle spielen?**
Wie heißt das Märchen und wovon handelt es?

<u>2</u> **Sehen Sie sich die Bilder an und hören Sie das Märchen** *Aschenputtel.*
Nummerieren Sie während des Hörens oder danach die Bilder in der
richtigen Reihenfolge.

<u>3</u> **Hören Sie das Märchen nun noch einmal in vier Abschnitten.**
Lesen Sie die Aufgaben zu jedem Abschnitt vor dem Hören.

Abschnitt 1 (a) In welchen Bildern ist dieser Abschnitt dargestellt?
(b) Formulieren Sie mit Hilfe folgender Stichworte den Anfang des Märchens.
reicher Mann – todkranke Frau – einzige Tochter – Versprechen – fromm – andere Frau –
zwei Stiefschwestern – schreckliche Zeit – in der Asche liegen – Aschenputtel genannt –
Vater: Markt – schöne Kleider, Perlen und Edelsteine – Zweig von Baum – Baum wächst –
Wunsch erfüllen

Beginnen Sie so: *Es war einmal ein reicher Mann, dessen Frau
todkrank war. Kurz bevor sie starb ...*

Abschnitt 2 (c) In welchen Bildern ist dieser Abschnitt dargestellt?
(d) Formulieren Sie den Abschnitt in Ihren eigenen Worten.
König: Fest – Braut für Sohn – Stiefschwestern eingeladen – Aschenputtel will mit – Aufgabe: Linsen aus der Asche lesen – Vögel helfen picken – trotzdem Verbot – am Grab:
Kleider – Fest: niemand erkennt Aschenputtel

Abschnitt 3 (e) In welchem Bild ist dieser Abschnitt dargestellt?
(f) Formulieren Sie den Abschnitt in Ihren eigenen Worten.
Königssohn – tanzen – Aschenputtel: ins Taubenhaus – Königssohn sucht – zweiter Tag:
Kleid und Schuhe am Grab – Fest – Trick des Königssohns – Treppe – Schuh bleibt kleben

Abschnitt 4 (g) In welchen Bildern ist dieser Abschnitt dargestellt?
(h) Formulieren Sie den letzten Abschnitt in Ihren eigenen Worten.
Schuh passt wem? – heiraten – eine Stiefschwester probiert – Zeh ab – Blut – Tauben
rufen – zweite Stiefschwester – Ferse ab – wird zurückgebracht – Schuh passt Aschenputtel – erkennt Tänzerin – Hochzeit – Strafe für Stiefmutter und Stiefschwestern

... Aschenputtel und der Prinz aber lebten glücklich und zufrieden bis an ihr Ende.

<u>4</u> **Wie lautet die Moral dieses Märchens?** `AB`

SPRECHEN

1   Einkaufen gehen

Was machen Sie, wenn Sie etwas Neues zum Anziehen brauchen?

☐ Ich gehe ins nächstbeste Kaufhaus und finde meist innerhalb einer halben Stunde, was ich brauche.

☐ Ich bitte eine Freundin/einen Freund, mit mir einen Einkaufsbummel zu machen, damit sie/er mich beraten kann.

☐ Ich kaufe mir nie selbst etwas, sondern schicke meine Freundin/meinen Freund los, damit sie/er für mich etwas besorgt.

☐ Ich mache nichts von alldem, sondern …

2   Hören Sie nun ein Gespräch während eines Einkaufsbummels.

Ergänzen Sie nach dem Hören die folgenden Sätze.

a Der Mann möchte sich eine neue _____ kaufen.

b Er nimmt die braune Lederjacke nicht, denn sie ist zu _____.

c Die dunkelgrüne Jacke braucht er in Größe _____.

d Die Freundin rät ihm, die Jacke zu _____.

3   Rollenspiel: Im Kaufhaus

Sie gehen in eine Boutique oder in ein Kaufhaus, weil Sie ein neues Kleidungsstück brauchen. Lassen Sie sich von Ihrer Freundin/Ihrem Freund beraten und bitten Sie anschließend eine Verkäuferin/einen Verkäufer um Hilfe. Erarbeiten Sie in Dreiergruppen mit Hilfe der Redemittel unten ein Gespräch.

Kunde/Kundin	Berater/in	Verkäufer/in
Eigentlich brauche ich mal wieder …	Probier doch mal … an.	Kann ich Ihnen behilflich sein?
Ich sollte mir mal … kaufen.	Das steht dir gut/nicht so besonders.	Bitte, gern.
Sehen wir uns doch mal hier um, …	Wie wär's denn mit …	Die/Den/Das haben wir leider nur noch in Dunkelblau.
Hier hängt ein(e) …	Die/Der/Das gefällt mir viel besser.	Die sind schon alle verkauft.
Wie findest du …?	Die wird dir zu kurz/… sein.	Ich hätte noch ein/e/n …
Wie sieht … aus?	Frag doch mal, ob die/der/das … nicht in einer anderen Größe da ist.	Die/Der/Das wird Ihnen bestimmt gefallen.
Das ist mir zu teuer/zu dunkel/…	Die/Den/Das würde ich nehmen.	
… gefällt mir besser/gut/…	Vielleicht sollten wir woanders schauen.	
Ja, da hast du Recht.		
Die/Den/Das nehme ich.		

AB

GR 4   werden + Infinitiv

GR S. 128,3

Die Freundin sagt im Gespräch: „Die wird nicht ganz billig sein."

Was wird hier ausgedrückt?

☐ eine Vermutung ☐ etwas Zukünftiges ☐ ein passives Geschehen

AB

GR 5   Suchen Sie in den Redemitteln weitere Formulierungen mit werden + Infinitiv.

Formulieren Sie die Sätze mit einem Ausdruck der Vermutung um.

werden + Infinitiv	Ausdruck der Vermutung oder Erwartung
Die wird nicht ganz billig sein.	Die ist vermutlich nicht ganz billig. Ich bin fast sicher, dass sie nicht ganz billig ist.

AB

__1__ **Sehen Sie sich die Bilder oben an.**
Zu welcher Zeit passen die einzelnen Bilder wohl?

__2__ **Damen- oder Herrenmode?**
Entscheiden Sie, ob Sie sich lieber mit Damenmode oder mit Herrenmode beschäftigen wollen. Setzen Sie sich in entsprechenden Gruppen zusammen. Die Gruppe „Damenmode" bearbeitet die Aufgaben 3 und 4, die Gruppe „Herrenmode" die Aufgaben 5 und 6. Beide Gruppen lösen anschließend die Aufgaben 7 und 8.

__3__ **Damenmode in den verschiedenen Jahrzehnten**
Lesen Sie die Beschreibungen und ordnen Sie die Texte den Bildern A bis E zu.

Zeit	20er Jahre	30er Jahre	60er Jahre	70er Jahre	80er Jahre	90er Jahre
Bild	B					

20er Jahre

In diesem Jahrzehnt wurden die Kleider kürzer und leichter. Sie waren aus Seide, Crêpe de Chine oder Rayon. Oft waren Arme und Beine sichtbar. Man trug beigefarbene Strümpfe, um den Eindruck nackter Haut zu erwecken.

30er Jahre

Die Depression beeinflusste die Mode der 30er. Damenkleider wurden nüchterner, waren oft einfarbig, die Röcke wurden wieder länger. Die Gesamtform war eher körperbetont und der Hut war ein fester Bestandteil der Ausgehkleidung.

60er Jahre

Dieses Jahrzehnt erlebte eine Fülle von Stilrichtungen, doch die 60er werden für immer die Zeit des Minirocks bleiben. Für die extrem kurzen Röcke erfand man die bis heute unentbehrliche Strumpfhose.

70er Jahre

Es ging wieder abwärts – bodenlange Gewänder bestimmten die Hippiemode in den 70ern. Pflegeleichte, synthetische Fasern, Patchworkmuster und Schuhe mit Plateausohlen kamen jetzt erst richtig zur Blüte.

90er Jahre

Getragen wird, was gefällt. Individualismus steht im Vordergrund. Es gibt eine Verlagerung hin zu einem lässigeren, bequemeren Stil, der so gut wie keinem Modediktat unterworfen ist.

Anfang des neuen Jahrtausends

Mit einer Hommage an die späten 50er, 60er und 70er werden Miniröcke und knielange Röcke mit Blusen, Shirts und Strumpfmode in kräftigen Knallfarben gemixt. Plastikaccessoires, Ballonmützen und große Knöpfe runden die fröhlichen Outfits ab.

__4__ **Suchen Sie Stellen im Text, die jeweils zu einem Bild passen.**

Bild	Text
A	
B	Kleider kürzer und leichter, Arme und Beine sichtbar, beigefarbene Strümpfe
C	
...	

LESEN 3

__5__   Lesen Sie die Beschreibungen der Herrenmode
in den verschiedenen Jahrzehnten.
Ordnen Sie die Texte den Bildern A bis E zu.

Zeit	20er Jahre	30er Jahre	60er Jahre	70er Jahre	80er Jahre	90er Jahre
Bild	*A*					

20er Jahre

Als Freizeitkleidung waren die Plusfour in den 20ern äußerst beliebt. Die weiten Hosen, deren Name sich von der Tatsache ableitet, dass sie vier Zoll (10 cm) bis unter das Knie reichten, waren meist aus Tweed gefertigt.

30er Jahre

Die ideale männliche Linie war jetzt: breite Schultern und enge Hüften. Dem wurde der Schnitt des doppelreihigen Anzugs mit Schulterpolstern gerecht. Die weit geschnittenen Hosenbeine waren mit Aufschlag. Ohne Hut ging „Mann" nicht aus dem Haus.

60er Jahre

In den 60ern erlebte die Männermode einen radikalen Wandel. Die Anzüge und Krawatten blieben im Schrank, und man kombinierte beispielsweise Hosen mit Lederjacke und Rollkragenpullover.

70er Jahre

Nun wurden farbige Kleider für junge Männer in den Boutiquen verkauft. Jeans, an Hüften und Oberschenkeln anliegend und ab dem Knie weiter werdend, kamen in Mode.

90er Jahre

Die Stimmung ist umgeschlagen. Weichen, natürlichen Stoffen wie Leinen und Seide wird der Vorzug gegeben. Hemden werden häufig über der Hose getragen.

Anfang des neuen Jahrtausends

Der „gerippte Klassiker" in Form eines Cordanzuges ist wieder im Kommen, vor allem, wenn er im Team auftritt: mit buntgestreiften Schals und wild gemusterten Hemden, die ihm die nötige Lässigkeit verleihen.

__6__   Suchen Sie Stellen im Text, die jeweils zu einem Bild passen.

Bild	Text
A	*die weiten Hosen; sie reichten 10 cm unter das Knie, aus Tweed gefertigt*
B	
C	
...	

__7__   Berichten Sie jeweils der anderen Gruppe, welches Bild zu
welcher Zeit gehört.
Beschreiben Sie kurz den abgebildeten Stil.

__8__   Die Mode welcher Zeit gefällt Ihnen am besten? Warum?   `AB`

SCHREIBEN

1 Formeller Brief

Clara Müller hat einen Mantel aus einem Katalog bestellt. Als der Mantel geliefert wird, stellt sie fest, dass er ganz anders ist, als sie erwartet hat. Sie schreibt einen Brief an das Versandhaus. Wählen Sie aus den folgenden Bausteinen (ⓐ, ⓑ oder ⓒ) jeweils einen für Clara Müllers Brief aus. Schreiben Sie den Brief noch einmal ganz ab.

Absender
Empfänger

Ort, Datum

Betreff
ⓐ Reklamation Ihrer Lieferung vom 22.11.
ⓑ Ich bin nicht zufrieden mit Ihrer Lieferung vom 22.11.
ⓒ Briefwechsel zu Ihrer Lieferung vom 22.11.

Anrede
ⓐ Lieber Herr Geschäftsführer,
ⓑ Sehr geehrte Damen und Herren,
ⓒ Hallo,

Worum geht es?
ⓐ Vielen Dank für die Nachfrage nach dem Mantel, den ich heute bekommen habe.
ⓑ Ich möchte bei Ihnen einen Mantel aus dem Katalog bestellen.
ⓒ Heute erhielt ich von Ihnen einen Mantel, den ich am 18.11. schriftlich bestellt hatte.

Was ist der Grund?
ⓐ Leider musste ich feststellen, dass der Mantel von minderer Qualität ist, obwohl es im Katalog „hochwertiger Stoff" heißt. Außerdem ist die Farbe nicht wie abgebildet, sondern viel rötlicher.
ⓑ Mein Mann hat gesagt, dass ihm der Mantel nicht gefällt, weil er nicht zu meiner Haarfarbe passt.
ⓒ Der Mantel ist schmutzig geworden, und ich habe ihn gewaschen. Jetzt ist er eingelaufen und passt mir nicht mehr.

Was will ich?
ⓐ Sagen Sie mir bitte, was ich tun muss, damit mir der Mantel wieder passt.
ⓑ Ich möchte Sie daher bitten, den Mantel zurückzunehmen und mir den Kaufpreis zu erstatten.
ⓒ Ich würde mir gern noch ein paar Mäntel in anderen Farben ansehen.

Was soll passieren?
ⓐ Können Sie mir vielleicht zwei oder drei Mäntel zuschicken, so dass ich mir einen passenden aussuchen kann?
ⓑ Ich akzeptiere auch, wenn Sie mir den Mantel etwas billiger geben.
ⓒ Anderenfalls werde ich meinen Rechtsanwalt einschalten.

Gruß
ⓐ Liebe Grüße
ⓑ Mit freundlichen Grüßen
ⓒ Bis bald

2 Sehen Sie sich die Zeichnungen an.

Was gefällt den Kunden an der bestellten Ware nicht?
Verfassen Sie nun einen Beschwerdebrief für einen der Kunden.
Orientieren Sie sich dabei an dem Brief von Clara Müller.

AB

__1__ **Sehen Sie sich die Personen und ihre Kleidung an.**

ⓐ Was fällt Ihnen auf?

ⓐ Wie viele Jeans haben Sie in Ihrem Kleiderschrank?

ⓑ Zu welchen Gelegenheiten tragen Sie sie?

__2__ **Hören Sie nun eine Radiosendung zum Thema „Blue Jeans" in Abschnitten.**

Abschnitt 1

Die Jeans – ein universelles Kleidungsstück
Markieren Sie, ob folgende Aussagen richtig oder falsch sind.

	richtig	falsch
ⓐ Man kann an der Kleidung eines Menschen oft erkennen, was er gerade macht.	☐	☐
ⓑ Überall auf der Welt tragen Menschen, egal ob arm oder reich, Blue Jeans.	☐	☐
ⓒ Zu einem formelleren Anlass, z.B. in der Oper oder im Büro, trägt niemand eine solche Hose.	☐	☐
ⓓ Die erste befragte Frau mag Jeans nicht so, weil der Stoff zu warm ist.	☐	☐
ⓔ Die beiden Männer finden Jeans bequem, praktisch und schön.	☐	☐
ⓕ Die zweite Frau liebt Jeans und zieht sie zu jeder Gelegenheit an.	☐	☐

Abschnitt 2

Die Geschichte der Jeans
Ergänzen Sie die fehlenden Informationen.

ⓖ Der Erfinder der Jeans war _____.

ⓗ Er folgte den Goldgräbern nach _____ und eröffnete dort ein _____.

ⓘ Die Hose, die er zusammen mit einem Schneider entworfen hatte, wurde schon bald im ganzen Land sehr gut _____.

ⓙ Die beiden für das Kleidungsstück gebräuchlichen Namen „Jeans" und „Denim" kommen von den Städten _____ und _____.

ⓚ Aus der einen Stadt kam die Schnittform für die Hose, aus der anderen der _____.

Abschnitt 3

Pro und contra Jeanstragen
Antworten Sie in Stichworten.

ⓛ Wie unterscheiden sich die vielen Jeans der Frau?

ⓜ Ist der Mann Jeansliebhaber? Warum (nicht)?

ⓝ Was trägt er gern?

Abschnitt 4

Kritik an der Jeansproduktion

ⓞ Welche Punkte werden genannt? Kreuzen Sie an.

☐ Pflanzengifte bei der Baumwollproduktion
☐ zu niedrige Bezahlung der Arbeiter
☐ gefährliche Methoden beim Färben der Jeans
☐ schlechte Arbeitsbedingungen in den Fabriken
☐ Wirtschaftskrisen durch gesunkene Verkaufszahlen

AB

ÜG S. 44

1   Partizip I und Partizip II in Adjektivfunktion

Partizipien leitet man vom Verb ab, sie haben jedoch häufig die
Funktion von Adjektiven.

Partizip I	Infinitiv + *d* + Adjektivendung	*die hochstehenden Kragen*
Partizip II	Partizip II + Adjektivendung	*der verwöhnte Aristokrat mit geknöpften Handschuhen*

2   Bedeutungsunterschied zwischen Partizip I und Partizip II

a   Das Partizip I als Adjektiv drückt aus, dass etwas gleichzeitig
mit dem Verb des Satzes geschieht.

gleichzeitige Vorgänge – aktiv	Partizip-I-Konstruktion
Die Kragen stehen hoch. Sie sind modern.	*Die hochstehenden Kragen sind modern.*

b   Das Partizip II als Adjektiv drückt meist ein Passiv aus.

Passivbedeutung	Partizip-II-Konstruktion
Die Handschuhe wurden geknöpft. Der Aristokrat wird verwöhnt.	*die geknöpften Handschuhe der verwöhnte Aristokrat*

3   *werden* + Infinitiv

ÜG S. 84

Die Konstruktion *werden* + Infinitiv hat häufig eine modale Funktion.

Sicherheit	*In Kürze wird man die neue Kollektion von Lagerfeld sehen.*
Vermutung	*Du wirst den Brief noch rechtzeitig bekommen!*
energische Aufforderung/ Drohung	*Dieses Kleid wirst du nicht kaufen.*

Diese kann sich auf die Vergangenheit, auf die Gegenwart oder
auf die Zukunft beziehen.

Vergangenheit	*Franz wird sich auch eine neue Jacke gekauft haben.*	*Franz hat sich wohl auch eine neue Jacke gekauft.*
Gegenwart	*Die Jacke wird nicht ganz billig sein.*	*Die Jacke ist vermutlich nicht ganz billig.*
Zukunft	*Sie wird meiner Mutter gefallen.*	*Ich bin fast sicher, dass sie meiner Mutter gefällt.*

Achtung: Zukunft drückt man meist durch Präsens und Zeitangabe aus.
Beispiele: *Morgen früh gehen wir in die Stadt zum Einkaufen.*
           Wollen wir nächste Woche zu der Modenschau gehen?

10